U0512943

LES RÈGLES DE LA MÉTHODE
SOCIOLOGIQUE

社会学方法的准则

［法］埃米尔·涂尔干◎著

王赟◎译

Emile Durkheim

上海人民出版社

目 录

马费索利中文版序

一种关于社会生活的新看法必须以一种新的有关认识论差异的知识为前提条件。这就是埃米尔·涂尔干的经典著作《社会学方法的准则》所强调的根本之处。

这本著作致力于对社会中的那些不稳定的、飘忽的、不完美的生命进行分析。所有这些不稳定的、飘忽的、不完美的东西都在强调，社会学与将人的活动进行结构的那些激情、想象有关，而我们既是其中的行动者，又是观察者。这样的问题值得被着意对待，难道不正是出于这样的着意，我们的社会学之父才施展了他的雄心：对作为社会中所有生命之基础的沟通行为进行解密。《社会学方法的准则》因此强调了有关全体的先决条件。一切皆是"社会的"！

在这个意义上，所谓方法，也即涂尔干所提供的"路径支持"，有利于使我们得出社会生活在其发展过程中诸多不同面向。从某种角度上说，本书致力于揭示社会形式在不同历史"面貌"中的那些固有的东西，我们从其中可以发现人的义务。本着这个目标，制度、文化事实等的构建和演化需要在此时此地（*hic et nunc*）被以一种无可否认的方式加以考虑。涂尔干在另一本著作《宗教生活的基本形式》（*Les Formes Elémentaires de la Vie Religieuse*）中着重讨论的信仰和幻象的机制都指出了，这些重要因素都深深植根于人类的长久记忆之中。

我们所能从涂尔干那里获得的所有教益，或许就在于其对整体论（holisme）这一概念的坚持，他本人就是这个概念的第一批使用者之一，而这一点值得我们特别关注。他在各种场合反复强调了社会事实的独特之处：社会事实不能被还原为有关个体事实的普遍化过程。这一强调意味着，不能将社会学分析建立在对于个体属性的叠加之上。确实，个体的本质正在于关注其内在，而内在一词包含着其所有指向的意义。从"内在的良心"到意识（或同样还有无意识），也不要忽略个人层面的那些东西，内在要达到的是一种完美，一种我们可能实现的整全状态下的全面。然后，整全的个体人可以相互**按照契约**去协作，通过这样或那样的行动去组成群体，但即便在这种情况下，重要的还是个体意愿，它还是寄生在人们的共同行动中。而强调"一切皆是社会的"则将优先性归于个体基础之上的群体形式，这就意味着承认个体意识是群体的产物，而不是相反。从这一点出发，涂尔干毫不犹豫地宣称："部分的形式取决于总体的形式。"

涂尔干的星罗棋布的"整体论"的观点让我们去考虑理解人类事实时**结构效果**（l'effet de structure）的重要意义。在我们这样一个目睹着有机功能的再涌现的时代，涂尔干的观点并不缺少其现实意义。可以确定的是，**整体相对于部分所具有的先决意义**无时无刻不在无质量的生活中作为根本力量出现，从而造成了社会悲剧。而在个体主义的意识形态之外，或说，虽然伴有个体主义的意识形态，却还存在着诸存在物本身的交织，它用力表达着自己，从而突破了各种藩篱，打破了我们可能遇到的各种秩序所造成的阻碍。

"在一起"，我们可以经验性观察到的那种"在一起"就成了某种推力，它不会放过任何一个自我彰显的机会。即便在最为中立的场合，即便面对最稳固的聚合物，我们也还是能看到群体性的再适应过程（réappropriation），它要么是以沸腾[1]的方式，要么是以隐秘的方式，正在逐渐构筑着地基。如上就是对《社会学方法的准则》的概括。正是归功于本书，我们才能更好地在当下去理解诸如体育运动、音乐表演或政治聚会中的聚集，从而去理解我们城市中的那些"噪音和谣言"、所有类型的节庆，以及所有强调着"整体先决"的力量的因素。还要指出的是，这样一种力量还提示了一种可称为"迷乱"的事实，其中，个体主义的那些特征让位于有机构型（organicité），让位于整体之构造（architectonique）。

正是后者让我们去把握社会生活的丰富内容。同样，这本著作指出，只有对社会中的所有生命的全部形式进行把握，而不是去把握个体事实的形式，才会出现真正的社会学方法。这种方法在揭示结构和发展过程的同时，还致力于允许个别事实的存在，除此之外，还有什么其他的可能性吗？我们并不以它们是否符合我们自认为的所谓"应然"去评价它们，不以我们认为它们如何做会变得更好去评价它们；我们对其的接受，正是对其在其自身的不完整性上的接受，这样的接受正是对其部分性和转瞬性的接受。因此，看似矛盾的是，涂尔干提出的"一切皆是社会的"的态度恰好是对于存在本身的平实性的尊重，是对大众表现的尊重，也是对每日的生活中闪现的微小创造的尊重。涂尔干的这种态度并不给定意义，它不身处于某种宗教的、政治的或经济的目的之中，也不提供范畴上的强制划分；这种态度只是以其自身的方式述说着时间，它身处于一种复调的话语之中，而社会也在这种复调的话语之中自我形成。

无论具体情形为何，只要存在着结构效果，只要个体最终只是群体的有机构型的一个先导，那么对这个有机构型的结构形式进行考虑要依照什么方法来进行，这就是一个具有重要性的问题。至少，它需要满足基本的**确认真相的功能**。而这正意味着要知晓，无论真相的烈度和准确性如何，社会激情或政治沸腾、斗争和冲突、吸引和排斥，等等，这些都会发生。我们在今天更为强调，那些将个体整合在一个无尽的链条上的具有聚合功能的伟大图示的再临，正是在这"一切皆社会"之上，我们重新开始评价这些图示的效果。正是涂尔干所说的"预设社会是其所是这一感受"造成了"在一起"的持续可能。

看起来就必须承认，涂尔干指示的这种方法虽然立足于揭示效果，却同时尊重了社会存在的复杂性。总之，这种范式经验上固有的往复特征，或说全体意义上的共情特征，都指出在物与人之间、在自然与文化之间处处存在的有机构型。那么，在其富有生命力的多样性之上对其进行轮廓描画就足够了。存在着一种紧密的联系，使普遍与分属社会性（sociétal）的多样性紧紧相连。有鉴于社会现实对于单一参照系所造成的无情打击所表现出的碎片化，具有重要性的就是社会学家要知道如何在日常生活中去发掘整体的扎根及效率。涂尔干在其所有著作中所体现出的，正是这种清晰性，而《社会学方法的准则》这本著作恰好又是这种清晰性的完美总结。

马费索利

索邦大学荣休教授

注释

1. 涂尔干的重要概念 effervescence sociale 多被译为群体欢腾。但实际上，这个词来自日常用语，指水烧开了之后的冒泡状态，其意指是中性的，并无附加的对什么是"欢"的界定（特别是什么是"欢"在伦理意义上的界定）。举例来说，如果庆祝某个节日的游行是群体沸腾的话，那么新纳粹势力的游行同样也是群体沸腾。不幸的是，国内有学者因此望文生义，强调 effervescence 的伦理指向，这完全是一种曲解。——译者注

背景、意义及认识论廓清：译者导读

王 赟

一、里程碑意味着什么？

没有人会否认《社会学方法的准则》（以下简称"《准则》"）在社会学史上的经典地位，从社会学于 20 世纪初进入中国学者的视野之后，这本书就一再地被一代又一代的学者阅读、重读。这当然是因为《准则》的作者涂尔干所具有的不可替代的学科史地位。不知从何时起，全世界都开始流行将涂尔干、马克思和韦伯并称为古典社会学三大家。[1] 但在这三人中，马克思远远不只是社会学家，实际上，从专业社会学的角度，马克思更像是哲学家而非社会学家，他本人也没有任何社会学专业化方面的尝试。韦伯确实撰写了一系列无法忽视的重要社会学方法论论文，但韦伯本人所有的方法论论文都是出于探讨某一问题或与某人论战而作，后世流行的《社会科学方法论》只是学者对韦伯涉及方法论的相关论文的撷取汇总。这样，《准则》一书就成为古典三大家里唯一一部专门为社会学而写的方法论著作。

但另一方面，《准则》也往往因为其经典地位被自然而然地当作社会学这门学科的某种标准，并与其作者涂尔干一起被看作社会学史上的里程碑。这种看法当然不是完全错误的，但其附带上的引申之意尚需更多讨论。那么，与其笼统地宣称涂尔干和《准则》的里程碑地位，当我们追问"里程碑意味着什么"的时候，我们所面对的具体问题可能是大不相同的。

需要得到澄清的一种粗浅看法是，认为《准则》是一本**划时代**的巨著。这种看法怀有如下"戏说"的历史观：这本著作诞生之前的时光是社会学上的蒙昧时代。那时，即便出现了一些社会学的端倪，但由于这样或那样的原因，这些端倪总体上表现为某种不足。而在这本著作诞生之后，则出现了社会学发展上的黄金时代。著作本身的卓越地位也因此不言自明：它像点金石一样，发挥了从无到有、变废为宝的功能。我们对于这种看法其实并不陌生：从对法国大革命的传统史学叙事，到对某个英雄人物的成长历程描述，我们往往不自觉地陷入这种决定论叙事的陷阱。说其是陷阱，是因为这样的叙事总是以两种相互替代的认识论假设为前提，而两种假设都是有问题的。

首先是一种英雄主义决定论的戏说。历史本身像是一个拥有庞大身躯的无头巨人，它任意地挪动，但对庞大身躯的行动没有思考。它懵懂无知，在无论是此前的蒙昧时代还是此后的黄金时代，它都自顾自地、无意识地延展。但在最为关键的变动时期，一个天才或古希腊式的英雄，以自身卓越的才能或天赋等凡人所不具备的，甚至是不需要创生条件的绝大法力，使得事物原有的状态被颠倒、被扭转、被克服，一句话，使历史这个懵懂的巨人成为他的施动对象，以至于我们今天所遇到的所有学科成就都来自这个英雄人物的恩惠。对应到涂尔干和《准则》，如果说《准则》是点金石，那么涂尔干就是背后的炼金术士。只是，这样的炼金术士完全是先知式的。其一，他作为先知的存在被潜在地假定为不需要条件，我们无法参透的事物在他那里可以直接且明晰地被洞悉。其二，我们对其参透事物的过程也只需要接受并模仿就行了，科学于是转化成了对天才的技术模仿。天才是一个物种，负责在两个平和的历史时段之间带来非凡的导向上的改变——范式的改变，我们这些平常人负责在范式改变了之后从事技术性的工作，使天才点石成金、变废为宝的传奇得到继承和传扬。

其次是另一种作为替代的话语设置：此前的蒙昧状态和此后的黄金时代其实是背后更稳定的线索的不同表象而已，而重要的节点人物也只是顺势而为，看起来成为推动发展的关键人物，实则他自己也是被这个稳定的线索所推出的。但这种话语设置在我们对其进行任何证明和证实之前就被先定地认为一定是上升的，否则我们就无从解释作为其表象的社会学在发展历程上的上升。这种看法蕴含着这样一种悖论：我们期待社会学作为科学，如其他科学门类一样是发展的；同时，由于它是背后更为强大但隐秘的历史发展的表象之一，所以我们在不需要任何论证的前提下就知道，无论我们是否期待它是发展的，它也一定是进步的和发展的。

这两种相互替代的成问题的观念以某种配比含混地投射到了对涂尔干的印象之上。一方面，涂尔干及其著作成为只能用来学习的——如果我们不更直接地说只能用来模仿的话。仿佛对涂尔干的任何一点质疑都成为对圣贤的不敬。而涂尔干实际上并不具备这种凌驾于任何知识条件和社会场景条件之上的圣贤地位——实际上，在科学和哲学版图之内，没有任何一位"圣贤"具有这种圣贤地位——导致这种看法的并不是圣贤的卓然本质，而是言说者的某种难以抑制的宗教式心灵体验。我这么说并不是要取消卓越学者的重要历史地位和学科作用，但是，倾慕圣贤的心态却让我们往往更倾向于将某位学者打扮成泥菩萨供起来，从而使我们越是接近圣贤，就越是远离真正的科学探索。另一方面显而易见的是，作为替代的第二种思路也假定着同样的宗教式心灵体验，只是这时的心灵体验不再是针对某人而是针对时代的。其如要被证实或被当成可证实的，就必定假定着现代社会一定是滚滚向前的，其中科学作为重要的助推器也因此必然是进步的。在这种情况下，涂尔干试图使社会学成为专门的社会科学门类的努力仿佛又印证了这种假定的进步主义是正确的。我们换到另一条上山的道路上，最终达到了同一点：涂尔干不可置疑的圣贤地位。只是我们好奇和困惑的是，这个"滚滚向前"的"前"到底是哪里？在经验科学图谱之下作为社会成员的我们，是如何获知这样的"滚滚向前"的昭示的？我所获得的昭示究竟是我的科学认识，还是我的想象呢？我又如何区分这二者呢？

简言之，将涂尔干或《准则》打扮成纯粹成就，进而去获取它、使用它，以完成对涂尔干（或任何一位学者）的封神，这不啻就是在今天被广泛警告的消费主义。我们成功打卡了一杯网红拿铁咖啡并发了朋友圈，却不管这杯咖啡的口味到底是什么样的。

克服这种粗浅看法的最好方式就是将涂尔干看作一个人，将他放在他所处的时空场景来对待他。这样，他的思想就必然有将其推出的前置知识条件和社会条件；他所要解决的科学问题也必然是遵循特定的研究路径的。

二、《准则》的社会和知识条件

需要意识到的是，涂尔干并不是直接向我们言说的。当涂尔干写作这本著作的时候，他所处的世界与当今的世界完全没有可比性。在当时的欧洲，经济上的巨大变化已经使得人口增长、物质生活富足初步出现。政治上，欧洲也逐渐从一个世纪之前突破性的大革命时期进入现实主义政治的鼎盛时期，过往依附于封建制的地方主义及其领主代表被打破，抽象的自由人形象又从来没有普惠地被赋予所有人。在欧洲版图之外，殖民宗主国尚没有出现衰败的迹象，殖民母国的人们在享受着海外的新奇产品的同时，也开始越来越对原住民的生活产生兴趣，与之伴随的又总是自己高高在上的良好感觉。在民间社会层面，普遍提升的经济水平和识字率等微观层面的演变使得生活方式发生巨大变化，闲暇开始出现，人们开始考虑在生存压力得到缓解的时候，生活应是什么样的。然而，这也并不意味着19世纪末的欧洲存在的只有进步。事实上，不安和危机始终伴随着那个时代。经济上的繁荣并没有造成普遍的富裕，反而在国家内部以阶级为表现、在国家之间以民族-国家纠纷时刻为表现，引发了巨大的社会事件。现实主义政治的尔虞我诈与工具理性的上升紧密结合，使得欧洲内部面临无休无止的战争威胁。技术的进步已经带来了一些生产和生活方面的直观变化，但离将高科技全面铺展到人类生活中还差得很远，那时的人们尚不需要以极大的自制去警醒新技术带来的新的伦理挑战，但最敏锐的哲学家已经开始考虑自然科学带来的技术进步对思想的侵占。知识分子希望用他们刚刚"发现"的规律去指导此前不够"科学"的生活，却发现这个被"发现"的规律在不同知识分子口中竟然是复数的，且彼此之前没有什么调和余地。这一点也是自然科学和社会科学在现代社会中的一个巨大区别。在自然科学中，范式是历时的且相互替代的，这也就意味着在给定时代，只有一个范式起主导作用；社会科学则根本不是这样。社会科学越"发达"，就越意味着同时存在相互不兼容，又都宣称自己的优势地位的认识体系，社会科学没有统一的范式，只有并行的诸理论，那么也就很难，或说尚未，用一种固定的理论去作为实现"发现"的逻辑。同时，宗教的瓦解、地方主义的衰微和科学的初步昌盛又根本性地扭转了社会伦理生活。很难将这样的时代变化简单称作进步或衰退，只有转型才是合适的称呼，涂尔干正是面临着这样的时代变化，也出于对这样的时代变化进行回应而从事他的社会学研究。

不光是时代，从大革命甚至是旧制度的末期以来，逡巡在法国的种种文化因素也是涂尔干面临的独特背景因素。在此我指的是远远不止群俗这一个意义上的文化，还包括甚至主要指的是作为社会知识的文化。因此，也需要考虑到，即便涂尔干本人希望塑造一个可以超越时空而作为纯粹科学存在的独立的社会学，但他思想的来源，他所致力于考虑的问题，却正是这种独特的背景。如迪蒙指出的那样，"就 1815 年至 1830 年及以后的法国思想家而言，大革命与帝国显然留下了一个真空，优秀的思想家必须尽力填补。……革命者对 societas 的前所未有的绝对肯定已功德圆满，继承大革命的浪漫个体比以前任何时候都需要 universitas"[2]。这样就不难发现，就法国而言，在大众思潮和社会哲学家、社会科学家之间总是存在一种颠倒。在大众思潮层面，大革命以来的革命传统，激进派、自由派、基督教保守派、基督教改良派、保皇派、无政府主义者、社会主义者、共产主义者、社群主义者等群体引发了无休无止的思想大混战，这给人留下这样的印象：每个人都从自己的主观感受出发，希望满足自己的利益或更单纯地只将自己的看法看作是理性的。整个社会成了一个"个体主义"的角斗场；在涂尔干眼中，这种个体主义的泛滥给法国带来的不会是什么成就。然而，并且也正因此，有必要提供一种新的"关于社会的科学思维"，它可以克服这种个体主义，至少也是修正它。[3]

那么，从对里程碑的意义追问中才可以更好地理解这本著作乃至涂尔干本人的思想，相关探讨也会更具有社会学的学科和科学意义。让我们通过下面三个小问题来考虑这个里程碑真正具有的意义。首先，《准则》之前的社会学是蒙昧时代吗？其次，《准则》统一了社会学吗？如果答案是否定的，那么也就不用谈它开启了黄金时代这个问题了。最后，所谓《准则》的里程碑地位，到底是因其给我们带来了什么？我们的导读就伴随着这三个问题而展开。

《准则》并不是涂尔干的第一部著作。在这本著作出版时，他在法国已经较有名声。涂尔干是在 1887 年作为学者走入人们的视野的。在此之前，1885 年，涂尔干拿到了一笔公派访学经费去德国访学。在德国，他以自己对道德这一话题的一贯兴趣[4]为指引，系统研究了一系列德国的法哲学家、社会学家和心理学家，包括龚普洛维奇（Gumplowicz）、沙夫勒（Schaffle）、滕尼斯（Tönnies）和冯特（Wundt）等人。1887 年，在利安和（Louis Liard）的支持下，涂尔干在波尔多大学开设了法国大学中的首个社会学课程。1893 年，涂尔干答辩了博士论文，并于同年出版了《社会分工论》（简称《分工论》）。同时，《准则》中的部分内容在《分工论》中已经有了零星的展现。《准则》的部分内容也在 1894 年作为独立论文发表于《哲学杂志》（ Revue Philosophie ）。之后，在 1895 年，涂尔干出版了《准则》。1898 年，涂尔干创办了《社会学年鉴》（ Année Sociologique ）。在这期间，涂尔干还被任命为法国第一位社会科学（ science sociale ）教授。1902 年起涂尔干执教于巴黎大学，直至 1917 年去世。有意思的是，虽然在法语世界中，社会学和社会科学这两个词经常因人而异被有意无意地混用，但涂尔干本人却是当时社会学学科化，也即，将社会学与笼统的社会科学相区分的最大推动者。那么有理由相信，在波尔多大学获得的社会科学教席只是涂尔干职业规划中的一个环节，其于巴黎大学获得的社会学教席才真正使他确信，建立作为专属和特定学科的社会学专业的事业处在正确的发展轨道之上。在涂尔干成名之前，法语世界确实已经有了社会学——Sociologie——一词，但这个用词还只是散乱分布在各社会科学领域内或公共传播领域内的专家们的事情；在涂尔干去世时，这个词已经广为人知，并成为学科的名称。这中间的功劳主要是由涂尔干、涂尔干学派和其主要反对者所一起贡献的。

实际上,Sociologie 这个词略显丑陋,它的前一半来自拉丁语,后一半来自希腊语。20 世纪的学者们抱怨,这种拼搭就像其隐喻的意思一样丑陋:我们发现我们要开发一种智慧来应对这个转型中的世界,但我们不知道我们的智慧具体是关于什么的。如果智慧指的是关于从传统社会到现代社会这个过程本身造成了什么问题,我们需要退回或改良到某个其他社会状态,那么似乎西哀士、勒普雷(Le Play)或沃姆斯(Worms)所理解的社会学才是有道理的;如果智慧是关于这个转型所带来的新的时代的气质或其背后更为隐秘的自然规律,那么似乎孔德或斯宾塞更有道理;当然,涂尔干对这个问题也有自己的看法,且他的看法向前可以追溯到笛卡尔和卢梭,向后可以影响哈尔布瓦赫甚或当今的学者。但毕竟,什么是 Social 从 19 世纪至今也依然是学者们争论的焦点之一。

但 Sociologie 这个词并不是涂尔干发明的。人们往往将这个词的发明归于孔德,近来的研究却证明,这个词最早可以追溯到西哀士那里。[5] 在经历了从传统到现代的大转型之后，在 19 世纪的欧洲，人们越来越接受诸如共和、民主化、世俗化、城市化等新观念。依靠着制造业或商业牟利，生活在城市中，习惯于法团主义和代议制组织，面对越来越松动的宗教控制，越来越开发自己的工具理性精神，对时代怀有普遍乐观却又隐含着一丝不安，等等，当这些 Bourgeois[6]——这些城里人或资产阶级——从忙碌的日常生活中抬起头时，却发现旧有的臣民、领民、教民和村民等身份都已经无法用来描述自己所属的这个场景了。19 世纪前半叶的思想家们出于某种时代情绪都开始不约而同地使用 social 这个词。对此，路易·迪蒙提供了令人信服的解释。迪蒙指出："正是卢梭……用意识和自由的语言探讨政治，而且探讨整个社会；将理想的、抽象的 societas 与……universitas 中保留的东西结合在一起。"[7] 有一个新的 social，对此，需要对应的知识。如果加上 sociologie 在西方各语言间的自然转换——主要是在英语和德语中的对应转换（sociology［英］和 Soziologie［德］）——那么即便 Sociologie 从其被使用的第一天起就面临着所指对象上的混乱，也无法阻碍这个用词在自然推广上的磅礴气势。实际上，西哀士和勒普雷对这个词的使用非常随意，就其意义而言，它们对该词的使用更像是我们今天所说的有关社会的所有研究，即广义的 social studies，背后则是出于治理社会、调整危机的朴素心态。孔德将这个词与实证主义牢牢绑定在一起，使之成为实证哲学的代名词。海峡对岸的斯宾塞则为这个词赋予了古典经济学和早期人类学的色彩。如果再考虑到莱茵河对岸受到历史主义和浪漫主义影响的德语使用者们，这个用词所指代的到底是什么就更为混乱了。

除了前面谈到的时空场景，这种混乱的知识场景是涂尔干写作《准则》时所面对的更直接的问题。因此，我们在《准则》的第一章和第二版序言中就能够确定一种论战的印象。涂尔干并非面对着一片空白，而是希望通过自己的努力来克服已然足够混乱的局面，使社会学在方法论意义上得以统一。这意味着《准则》的出现恰好不是"石破天惊"的。因为所谓石破天惊，就意味着《准则》与原本的世界是不相参的，那么涂尔干所作的工作恰好应该是突兀地、从无到有地出现。但《准则》并不是向社会学这个已然足够混乱的概念带来更多的延展的（extensive）质料，而是带来一种批判，从概念中祛除那些伪概念。这从《准则》的具体内容就可以看出来。《准则》并不仅仅是全新的"用科学方法看待社会对象"那么简单，这只是其涉及的内容的一个部分；另一部分则是对当时已有的各种思潮、理论、方法的批判厘清。从另一个角度说，这也意味着，除非我们完全将自己视作涂尔干学派的信徒，否则我们无法承认此前的社会学是"蒙昧的"。同时，如前所述，涂尔干也不面临那种"想说什么就说什么"的天然地位，他对于任何概念、观念和方法的阐述都面临着挑战和争辩。

实际上，涂尔干于1898年创立的年鉴也并不是法国第一份社会学专业刊物。1893年，沃姆斯就创办了《国际社会学杂志》(Revue International de Sociologie)，也颁布自己的年鉴。1895年以后，沃姆斯又创立了由塔尔德任第一任会长的巴黎社会学会(Société de Sociologie de Paris)和国际社会学会(Institut International de Sociologie)。从当时的国际学术影响力来说，沃姆斯学派甚至远远超过涂尔干学派。如齐美尔，在当时就是沃姆斯创办的国际社会学会的成员并在上述刊物上发表文章。后来，由于对沃姆斯的有机体论和早期功能论不满，尤其是对于沃姆斯对自己的论文的翻译和曲解不满，齐美尔才不再参与国际社会学会的事务。类似的是，在19世纪最后十年，涂尔干《社会学年鉴》的事务中也出现过齐美尔的身影，但他们也因为各种原因渐行渐远。

这就是涂尔干当时所面临的社会学领域，尤其是法国的社会学领域的状况。一方面，涂尔干的时代离社会学的最初出现已经有至少50年的历史，一些先置的知识因素已然确立在那里，却又等待着被廓清。新的社会学学科如要发展，就必须先解决与此前这些观念的纠葛，而这些纠葛在涂尔干看来主要表现为不满：对此前以社会学之名而行的知识大杂烩的不满。另一方面，社会学并不仅仅面临着廓清的问题，还同时面临着推广的问题。也就是说，社会学应该成为社会科学诸学科的女王[8]，这是由在涂尔干眼中被廓清之后的社会学所拥有的那种独特的对象所带来的。当然，在涂尔干眼中，这种推广应围绕着《社会学年鉴》这个主阵地而展开。这样，就需要一本专门的著作用来承载廓清和推广的双重任务。这本著作之所以是方法论的，主要是因为"社会的"这个研究对象缺乏清晰的界定，以至于此前所有的关乎人类生活又不在传统的经济学、政治学等学科下的研究统统进入了社会学。那么这个提纯工作虽然直接落在对象上——即对社会事实的强调之上——但它背后必定有方法论的支持，否则社会事实也就成了大杂烩之一。但之所以是方法论的，还因为涂尔干坚信一个对象－一个方法－一个学科的设置。如果要将社会学区别于混杂的社会研究，即"有关社会的学"，那么它的对象就不能仅仅是"在社会中的"，而只能是"社会本身的"。同时，这样一个对象又要求一种独特的方法，用来直接捕获这个"社会本身的"，而不将其与研究"在社会中的"那些对象的方法相混淆。只有这样，社会学作为一个专属的科学学科才可能建立。《准则》正是面临着这种同时来自社会学内部和社会学外部的压力而诞生的。

《准则》因此同时围绕两个轴展开。首先，是个体和群体的关系问题，在涂尔干的观念图示中，则表现为个体和群体的二元分立。其次，是心理学和社会学的关系问题。这里的心理学并不仅仅是我们今天在大学中看到的作为专门学科的心理学，问题要复杂得多，我们在下文将会稍加展开。但这两个轴又是服务于同一个目的的：通过将原本混杂在社会学这个未加辨析的大杂烩中的潜在的混淆因素进行剥离，以使社会学可以充分地回应转型这一时空场景，以及解决法国所面临的文化问题。只有这样，作为科学的社会学才算真正确立起来。

　　这本著作也并非像我们今天所认为的那样，完美完成了上述两个方面的任务，即，使社会学获得内部的统一和外部的推广。实际上，情况似乎正相反。由于《准则》中流露出的将社会当作物和祛除个体的方法论处理，这本著作立即给涂尔干招致了诸多批评。涂尔干的老对手塔尔德将涂尔干称作社会本体论者，而这样的批评获得了广泛的赞成回响。涂尔干的朋友，卢西安·埃尔（Lucien Herr）也将这本著作称为"来自形而上学系统的最差的本体论逻辑构建"[9]。人们干脆讽刺涂尔干为"物主义者"（Chosisme）。情况直到《自杀论》的出版才有所改观。我们从写作于1901年的第二版序言就可以感受到涂尔干承受的巨大压力。那么，此前既非蒙昧时代，《准则》也没有带来学科上的统一和和平。我们也很难承认《准则》的点金石作用，这本著作在作者的生平上更多地呈现的是对此前《分工论》的认识论延续，只是侧重点从具体的研究被转移到了方法论上。并非卓然天成、并非划时代、并非与时代无关，且并非没有反对声音。这样的著作还是里程碑吗？换句话说，我们今天还要读这本著作吗，从中又能获得什么呢？

三、社会学的科学化

　　涂尔干的最大贡献在于将科学与科学史相分离。这意味着，"关于社会的学"不再被与"对人们有什么好处"画等号。换句话说，科学之为科学，不再因其所具有的政治或伦理功能而得到解释。也就是说，如果当时那个混杂的社会学被此前的学者认为是有意义的，这并不是因为它是一个自成（autonome）的学科，而相反是因为他"可以服务于什么"这种伦理或政治倾向。但是，这也一方面意味着社会学的从属地位；另一方面同样暗示着社会学不可能得到统一的宿命，因为伦理，特别是政治中价值的多元立场决定了这一点。这一点也可以从此前学者遭受的批评中得到印证。人们从来不会单纯谈论此前某位社会哲学家的"对与错"，而是总伴随着对于"居心"的评判。涂尔干直接反对社会学从属于政治或伦理学这一点，在他看来，政治应与作为科学的社会学无关，而伦理应是科学的社会学的造物。"社会学因此并不是别的科学门类的从属，它是与所有科学门类相区别的一个自发的科学门类。"这种自发特征首先是由其独特的对象，然后是由其相应的独属方法论所保证的。"一门科学只有在表现出独立的个性之后，才会被认为是已然确立了。因为只有当它致力于研究其他科学不研究的事实之时，它才有作为独立科学而存在的理由。那么就不能把相同的概念不加区别地运用于具有不同本质的东西之上。"

由对象和方法论这两方面的特征出发，涂尔干实际上并没有按照字面标题将本书处理为社会学的内部问题。这从以下一点就能看到：涂尔干实际上与韦伯、齐美尔、滕尼斯等社会学家处于同一时代，与桑巴特、施穆勒等关注社会内容的学者也处于同一时代。但是在《准则》一书中，他提到的论战对手主要是斯宾塞和孔德，其次是霍布斯。与其同一时代的加罗法洛、塔尔德和埃斯皮纳斯仅仅各被提及一次。如果说莱茵河限制了社会学思想的交流，从而使他没有顾及韦伯和齐美尔等人的思想的话，那么和他同时代的本国理论对手塔尔德仅被提及一次，而勒普雷和沃姆斯完全没有被提及，这就只能是有意无视了。地理限制其实也只是臆想，不要忘了，涂尔干本人曾在德国访学，也深刻受到冯特等人的影响。只是，在涂尔干身上展现出非常值得玩味的一点：在他看来，所有的德国社会学都不怎么是社会学的，充其量更像是因循德国传统的社会哲学；而受到他重视的德国思想又都是社会学之外的，尤其是诸学科中较少保留德国传统痕迹的那些，如冯特的心理学和采取实证方法的法哲学。而如下文将要谈到的，涂尔干对待心理学的态度是一贯的，要将它从社会学中剔除出去。

同时，颇为正面地被提及的有密尔和培根。对密尔的重视来自对其归纳方法的借重；而对培根的重视则来自预断观念这一核心方法论概念。但涂尔干却没有提及对他影响颇大的本国哲学家，如勒努维尔（Charles Renouvier）、布特鲁（Emile Boutroux）和他的老师历史学家德·古朗日（Fustel de Coulanges），后者的名言"史学就是关于社会事实的科学，也就是社会学"[10]甚至可被直接认为是涂尔干思想的真正来源。可能的解释是，涂尔干并不希望这些分属社会学之外的思想来源来消减本就亟待确立的社会学方法论的专属特征[11]，除非被借助的概念能在逻辑层面上，也即在脱离具体对象的基础地位上给社会学确立科学特征，就如密尔和培根所作的那样。与之类似但情况更为复杂的，是涂尔干与笛卡尔的关系，后文也将论述。

　　我们于是可以看到涂尔干处理问题的基本思路：无论是廓清还是推广，社会学需要在学科上与其他学科门类有明显区别，但与此同时，它又如所有的科学之所谓科学那样，需要哲学中属于逻辑学的那一部分的支撑。

　　作为背景需要被简单提及的还有哲学自身的发展。在涂尔干所处的时代，哲学本身也陷入了某种危机。一方面，与早期独断论哲学的距离使得涂尔干不需要去顾及大多数哲学史上的繁复内容；另一方面，哲学在面对现代科学的冲击时越来越使自己封闭为"一门学科"，而不再是所有智慧的代名词。虽然一些哲学家抱怨，现代社会科学范式的确立使欧洲陷入了哲学危机，但在此之后，哲学的回应多少成了哲学家自己的喃喃自语。这使得涂尔干也不愿去顾及这个作为"一门学科"的哲学。实际上，涂尔干本人认为，社会学作为科学门类的确立很大程度上就在于从传统的社会哲学中剥离出来。而在20世纪借助语言学转向出现的逻辑实证主义还是未来的事情，涂尔干本人自然也不熟悉此方面的进展。这就使涂尔干口中的哲学时而成为一门特定的、和社会学无关的专门学科，时而成为"古老而过时的智慧"的代名词，总之，一个颇为负面的词。值得吸取的唯有植根在传统哲学中时而闪现、时而隐藏的那一部分笛卡尔理性主义和培根经验主义的共同智慧，也即哲学认识论中的逻辑分析。就像这一部分内容直接滋养了大多数自然科学门类那样，涂尔干对于这部分内容的接受也是放在科学版图而非哲学版图内的。与之类似的还有对艺术的处理。在涂尔干口中，艺术直接沦为了巧计、矫饰一类的词汇。

社会学因此在涂尔干眼中需要走一条所有现代科学的共同道路：从传统哲学和文艺巧计中分离出来的逻辑部分（且主要是归纳部分）足以在反形而上学的意义上支撑起科学的基本逻辑，而后则是提供专属的研究对象，以使相应学科得以确立。同时，学科在其经验路径上又通过本领域科学家的努力确立了其独特的方法论。换一个角度说，确立独属对象本身也就具有了方法论意义，而独属方法论的确立最终与独属对象合二为一，宣布了独属学科的确立。

四、《准则》背后的认识论基础

正是在这样的观念下，社会学作为专属学科的确立是以其专属的"社会"对象为基础的。其专属性就在于社会对象的独具一格（sui generis）特征。这种特征的首要表现则是其"可观察"这一特征。也就是说，对于社会的研究所直接把握的那些内容，是有关社会的那些可以直接观察到的群体表现。这无疑是一种在经验尺度上展开问题的思路：不用去考察背后的先验条件，作为经验科学的社会学仅从可观察的对象出发去形成解释。其次，为了确保所观察到的表现是"社会的"，而不是其他范畴的法则的映射，就需要用专属于社会事实的特征对所观察到的直接内容进行稳定，这就是强制。"因此，我们就对社会学这个领域有了一个方式上明确的限定。它只研究现象的一个特定类别。社会事实确认了它作用或可能作用于个体上的那种外部强制力量；而这种力量的在场返回来要么确认存在着某种具有决定性的惩罚力量，要么确认存在着对个体的抵御。"又因为强制力必定不受个体左右，所以社会学研究的意义才体现出来。一方面，在决定因素和被决定因素之间，去探寻决定因素而非被决定的表象才是科学的任务，即便大多数情况下我们正是从可见的表象出发去实现这一工作的。另一方面，也只有社会事实才可以在范畴上与涂尔干认为的社会保持一致，从而使社会学摆脱"社会中的混杂研究"的尴尬处境。对于涂尔干笔下个体是否有地位实际上是存在争论的。对此我想强调的是，如尼斯比特早就已经指出[12]，涂尔干强调的并不是人，而是"社会中的人"。那么，如果人之是否为人需要以其与社会的关系作为评判，换句话说，以他的融合/整合程度作为他之存在的判断依据的话，那么学者们在涂尔干的浩繁文献中去找"人"或"个体"这些词的出现程度，除了寻章摘句之外还有什么意义呢？既然社会学所铆定的对象是那些刚性的、外在的社会事实，那么就需要首先在学科内部祛除它与人的意识在现实中的纠缠。涂尔干从来没有简单否认"人是有意识的"这一特征，对他来说，"所谓社会之物只会经由人们来自我实现；它们是人类活动的产物"。但这并不意味着，反向将涂尔干标定为重视个人的社会学家就是成立的。在社会之物由人来实现和人决定社会之物这两个命题之间存在明显的逻辑距离。实际上，涂尔干抱怨，"迄今为止，社会学所研究的都不是物，而是观念"。这时的观念主要是预断观念，而预断观念实际上在主体和客体两个位格阻碍着社会学的科学化。

首先，认识的主体受其个体心理因素影响，往往将被社会决定的因素错误地当作决定因素，因此，社会学首先应该排除心理学的影响。但另一方面就没有那么明显了。当孔德宣称将人性作为客观法则，或者斯宾塞宣称将自然演化法则作为客观法则来决定社会发展之时，这样的法则就其范畴而言显然是非主体心理的。但涂尔干同样抱怨，类似宣称是非实证性的，因而也是学者的某种心理因素的投射。涂尔干因此希望祛除的并不仅仅是方法论层面由心理因素造成的干扰，而是希望彻底从逻辑图示中也剔除心理因素。

在此我们不妨将涉及心理因素的所有内容简单划分成三个层次的心理学：首先是本体论层面的心理学，也就是说，在现实中存在着的那些心理因素。其次是认识论层面的心理学，也就是说，一些心理因素成为认识体系的出发点或说解释项。举个例子来说，当我期望复古时，我就倾向于将一切当下的现象解释为"人心不古"。那么，实际上作为解释项的并不是什么规律，而是"我期望复古"这一个用来激发所有认识论能量的心理因素。不难看出，这时的心理学就是我们常说的意识形态。最后就是方法论层面的心理学。当解释者将心理学安置在前面两个层次之间，即通过心理学效应作为理论模型的归因项，将心理解释为一切表象背后的原因时，呈现的就是这个层面上的问题。[13]

涂尔干在其社会学图谱中所涉及的主要是对后两种心理学的祛除。对于方法论心理因素，涂尔干通过社会事实及其外在的、刚性的特征等一系列方法论设置完成了对其的祛除。对于后一种意识形态化的心理学，涂尔干则希望用相应的认识论努力来化解它。

关于方法论心理因素对于社会学的影响，换句话说，关于在社会学内部如何看待心理因素的问题，涂尔干在《准则》的一开头就开宗明义地指提出："社会生活的**质料**（matière）不能由纯粹的心理学方面的因素来解释，这就是说，不能由个体意识状态的东西来解释"，这也是涂尔干使用群体表现这一概念来区别个体表现的主要目的。于是，在群体表现-社会事实-社会学这三者之间出现了一种共振：正因为从方法上祛除个体的心理因素之后，还有大量可被观察到的分属群体的表现，所以这些事实应被放在个体事实之外对待，因此这些被称为社会事实的对象需要其专属的研究门类，即社会学。而这时的社会学理应遵循这一概念链条，从自身中祛除心理学的影响。

认识论心理因素则不光是社会学一个学科的事情。涂尔干指出:"孔德和斯宾塞先生承认社会事实是自然属性上的事实,却没有将它们当作物来看待;与之相似,诸经验学派长久以来也认同心理学现象的自然特征,却只是持续用纯粹属于意识形态的方法来对待它们。"从中可以看到,涂尔干对孔德和斯宾塞的最大不满恰好是因为,涂尔干认为他们虽然在一些论述上采用了实证主义设置,却最终在揭示世界的根本规律这一最终目的上背叛了实证主义而导向了形而上学,这无疑又是受研究者主观的心理因素所驱使的错误的认识论。《准则》在开始部分和结尾部分都对孔德和斯宾塞进行批判,这种一以贯之的态度特别值得我们留意。

因而,如同读者可以看到,大多数涂尔干研究者也同意的那样,涂尔干笔下社会学学科的确立和其与心理学的分立是同频的。但我希望更进一步强调的是,涂尔干并非简单希望祛除某一种固定的心理因素对于社会学研究的影响,而是希望在科学性和客观性两个方面对应祛除认识论心理因素和方法论心理因素对社会学造成的干扰。至于还存在一个更基本的本体论心理因素,也就是说，在世界中现实存在的那些心理因素的地位，我们在后面还要提到。

这里实际上可以看到涂尔干与笛卡尔的关系。在一个较浅显的程度上，涂尔干非常不满于笛卡尔的简化论。后者认为，可以在研究对象较复杂的时候，通过将研究对象进行拆分来分别研究，最终再将研究结果汇总到一起，以完成对复杂对象的研究。毋庸置疑这是一种机械论观念。这种机械论观念在近代以来自然科学的增长中扮演重要作用，当代自然科学中的分科就是对其的最佳证明。但社会学面临的局面要复杂得多。如果社会事实可以被还原，那么最终还是落在组成社会的个体上，而这又势必把涂尔干要求祛除的心理因素重新带回来。从这个角度出发，我们就可以理解，涂尔干对于社会作为独具一格的物的界定，其认识论上的原因来自对机械论的反对。这从如下这个侧面也可以看到：在《分工论》中，涂尔干将传统社会的团结模式称作机械团结，将现代社会的模式称作有机团结。而滕尼斯恰好反过来将那种基于有机模式的人群联系称为社群，将更为依照功能而展开的机械组合式的人际组织关系称为社会。从字面意思来看，现代社会无疑更为"机械化"，其运作模式也更为机制化（mechanical），看似在涂尔干和滕尼斯之间，似乎涂尔干完全倒置了传统社会与现代社会的特征。那么就有理由认为，涂尔干所指的"机械的"，并非运作模式，而是指其背后的引申意义：所谓机械的，在涂尔干笔下意味着"未能充分发展的"，进而指向的是"未能完全把握事物背后的法则"，其应被更为进步的有机论所取代。这种用词上的个人特征是持续一贯的。涂尔干的有机论倾向在《准则》中有直接的体现："生命属性不可能同等存在于它们身上，因为它们本身就具有不同的本质，碳不是氮，因此它不具有氮的属性，也不会和氮扮演同样的角色。……让我们把这些原则运用于社会学之上。如果人们同意我的这种看法，即认为所有社会的这种**独具一格**的特点产生了新的现象，从而不同于稳定的意识中的那些原来的现象，那么就必须承认，这些特定的事实是存在于产生了它们的社会之中的，而不是存在于社会的各个部分之中。"正是由于这一充满生物学意味的界定，才使得"社会事实与心理事实的区别并不仅仅在于其质（qualité），**它们具有不同的基质**（substrat），它们不在同一个场景中演化，它们也不依靠相同的条件来演化"。因此，社会事实、社会、独具一格、社会学，这一系列名词都汇集到一点：社会虽然由个体所组成，却在组成之后出现了某种关于社会的"化合"，以至于新出现的个体完全具有全新的特点，成了全新的研究对象，并且需要独属的方法论支撑。就像通过研究组成水的氢和氧无法得到关于水的科学一样，物理学式的机械论思维在此必将失败，需要的是全新的化学式的有机论思维。简而言之，虽然涂尔干没有直接强调过，但涂尔干对于社会学学科的建立显然受到与生物-化学的类比的巨大影响。他对于笛卡尔的反对在其可见的那一部分也完全是生命论对机械论的现代科学范式竞争在社会科学领域的反映。用一种简化的方式，可以说，涂尔干在《准则》中提出的社会学是有关社会科学的化学。

但这时的涂尔干类比得还是太匆忙了。他没有考虑到，在构成水之后，氢原子和氧原子都不再独自存在，有的只是全新的水分子。而人类社会所面临的状况要复杂得多。人并不会因参与社会而彻底丧失自我。每个人都会参与社会行动，但同时，如果要求人们因此完全成为社会的功能或有机组织，那么未能维持一种高效的奴隶制就只能是人类的某种个体主义疾病了，这本身就是一种意识形态。同时还要指出，人们总是有限地参与社会行动，并通过各种公开和潜在的方式去改变他所参与的社会；这时的社会远不具有水分子所具有的那种稳定性。还有一点就是，水分子并不就是水。在这个意义上，我们从作为存在的水具有什么表现上，事实上是无法推知有关水分子的任何事情的。那么如要进行类比的话，群体表现乃至"社会"本身，更应该类比于水而不是水分子。其差异就在于，社会的"涌现"需要社会成员对其的意识，但对这一点的强调要留待到莫斯那里去寻找了。

在更为深层的认识论基础上，涂尔干与笛卡尔就没有那么大的分歧了。科学就意味着理性主义精神，即首先在认识论层面祛除心理因素的干扰；也就是如前所述，被涂尔干批判的孔德和斯宾塞的那种受心理因素激发的认识论意识形态。而如若不是处在心理学这个学科中，还应该在社会科学的其他门类中祛除方法论心理因素的影响。在涂尔干的视野中，这主要指塔尔德那种通过行动者的心理因素解释社会的做法。"法国精神……深层次地停留在理性主义的层次上。无论如何，我们还是忠实于笛卡尔法则的，受惠于此，我们认为可被理解的宇宙世界是可以完全被转译成科学符号的。"由此，社会学的科学性和祛除心理因素画上了等号。这样的做法恰好就是对笛卡尔分离的完全继承。所谓科学，需要割断观察主体和观察对象之间的联系，用外在的另一个标准来实现客观性。社会学家不再因其身处社会中而具有对于研究对象的可理解性；相反，可理解性来自对日常的克服，即对预断观念的克服。

涂尔干援引培根对此进行了强调："预断观念……都是**假象**。"之所以会出现预断观念，还是因为意识的脆弱，"意识没有足够强大的感知力去感受如此之多的现实"，因此，所谓科学就是要"**系统地摆脱所有的预断观念**"，客观性也由此得到保证。实际上，笛卡尔和培根的距离并不像想象中的那样远，如果说笛卡尔确认了居于演绎逻辑的"理性"的至高性，那么回到经验层面，还是需要实证地去寻求理性的显现证据。同理，如果说在培根那里，经验世界的感知取代了"天启"的神学地位的话，那么还是需要区别正确的感知与错误的感知，最终问题还是回到"科学即科学方法"之上。涂尔干同时有条件地继承这两条线索，以至于他用强硬的规定语气强调将社会事实当作物来研究，就没有看起来那么怪异了。通过将对象当作物，并且不要忘了，是完成了社会化合之后的物，而非组成社会的那些散碎的曾经作为物而存在如今已消失的散碎因素，社会学家使得可理解性从不牢靠的、过于受心理因素影响的内部阐释转向到外部解释。也由于这种做法，由心理因素激发的预断观念被舍弃，辅以实证获得的"真正的科学观念"，客观性或说科学性才得到了保证。

对于预断观念的不信任并非完全没有根据。如前所述，涂尔干所处的时代不啻为一个科学时代，自然科学各学科的良好发展看起来已经证明，预断观念，也即常识，在过往几百年中主要扮演科学的敌人的角色。从伽利略的铁球实验到细菌的发现对瞌睡虫的证伪[14]，常识一再被证明是错误的，科学也在其范式内部完成了一个认识论归纳：科学就是通过归纳逐步破除常识的迷信。只是，科学在其一再大胜之下自我放纵，以至于推出并自以为不言自明地证成了另一个命题：科学等于反常识，而常识等于迷信。科学的乐观发展没有让人们看到，常识中存在大量错误这一事实，不直接意味着所有常识都是错误的。对预断观念这个用词的继承本身就意味着涂尔干对此没有加以区分。我们在今天具有了更大的社会学视野。实际上，从 20 世纪 90 年代出现的社会学上的诠释学转向充分吸收了韦伯等人的认识论贡献，这条替代路径经由韦伯、齐美尔、戈夫曼、加芬克尔、吉登斯、格尔茨等人，已经让我们在今天看到，充分重视常识的社会学意义是多么重要。这不意味着转向自然权利之上甚或存在即合理的保守意识形态，而是转向如下认识论基础：社会学家的所有知识来源并不是抽象的规律，而是现实的人的生活，其所有研究的目的也不是开发抽象的规律，而是服务于他所身处的世界。那么，对常识的超越就不是对常识的克服，而是对常识的反思。

但至少在《准则》出版的时候，涂尔干还坚信这是一种成就而不是一种问题。虽然本导读并非讨论涂尔干的整个学术体系，也并不致力于对比不同学者的思想，但我要指出的是，涂尔干虽则在生涯前后期存在视角上的转变，却并不像一些学者认为的那样，存在前后阶段的相互否定。在此有必要重提涂尔干于 1900 年对齐美尔以及所有他眼中的心理主义者的批评："按照这种（强调心理因素的）方法，我们无法在事实的等次间建立关系，就是说无法建立普遍意义上的法则，而没有法则，还有什么科学可谈？"[15] 终其一生，涂尔干都没有否认科学观念相对于预断观念的超然地位，而预断观念又是源自常人的心理因素。因此，社会学作为科学这一涂尔干终生的目标，没有在自身中给心理因素容留除了观察对象之外的任何其他调整余地。涂尔干科学主义的基调也是保持终生的。

我们在前面其实还遗留了本体论心理因素这个层面的问题。我们发现，生涯后期，伴随着涂尔干对于宗教的研究，《准则》中被强调的一些因素发生了弱化。这也是必须要提及的一点：请不要忘记《准则》那充满论战意味的说话方式，而涂尔干在从事具体的研究时，从来也没有像他在《准则》中说的那样强硬。这尤其体现在对待本体论心理因素的态度问题上。我将他的另一段引文列在这里，请读者自己比较："对宗教进行理性阐释不可能从根本上是无宗教性的，对宗教的无宗教性阐释就是对所要解释的事实的否定。没有什么比这更违背科学方法了。"[16] 显而易见的是，涂尔干并不认为宗教社会学应受认识论心理因素的影响变成对某种宗教的皈依，也不应受方法论心理因素的影响，将一切社会现象解释为教徒的虔诚；但同时，如果无宗教性就无法研究宗教，这不就证明了对本体论的心理因素，至少是对作为人类相互之间的那种可理解性上的心理因素的承认吗？只是这些音调的变化是《准则》之后发生的事情了，而对本体论心理因素的强调也不必然推翻《准则》中对另两种心理因素的祛除。

无论如何，我们可以确定的是，涂尔干由此特别反对将内省的心理学和人类学化的心理学带入社会学方法论中。这也是为什么，涂尔干在《准则》第二章中转而去探讨犯罪社会学的内容。犯罪在不同社会中是不同的，因此神圣的并不是个体，而是群体和表现了群体的那些东西。那么，既然并不存在由内省来内在揭示的稳定且先验的道德观念，就不能用与内省的比照来确定犯罪的发生。与之类似，当时流行的用种族等（当时的）人类学指标作为犯罪原因的判定标准，也就同样是荒谬的。

因此，看似《准则》在开篇部分向我们抛出了诸多概念，但这些概念实际上汇聚到"把社会事实当作物来研究"这一首要准则上。而"物"的提法需要被放置在其自身的问题意识中加以理解。如前述，涂尔干认为，他所要批判的是种种发生在认识论或方法论位格上的对心理因素的夸大。那么社会"事实"（fait）这一特指，而不是社会现象这一泛指，本身就有着其方法论用意。只是，涂尔干认为这样还不够，最终他以强硬的规范性口吻提出了"物"的提法。这种强硬立场当然有其时代背景，比如当时影响颇大的斯宾塞学说。在今天看来，其中尚有理论意义之处几乎全部来自更为古早的古典经济学，而其问题则完全可被涂尔干的相关批判覆盖。另一方面，这样的强硬立场也确实如他的批评者所说，自身陷入了另一种来自主观的意识形态。

五、方法论与客观性

需要指出的是，"物"的提法在涂尔干的理论模型中还肩负着对于社会学客观性予以保证的重要作用。涂尔干所说的物，总是整体的物。这实际上还是来自前述化合的认识论基础。在涂尔干看来，只要可观察到的一个现象或"事实"由若干更为散碎的因素所组成，并且这个总的现象或"事实"提供了群体表现，那么更为散碎的那些因素就转变成了"环节"。那么，就像氢、氧原子**自身**无法解释水的化合作用一样，对于社会之物的解释也不由组成它的部分来完成，或者说，对社会学解释的客观性的保证必然在于这种外在、因而更为超越的整体视角。

由此带来的首要一点，就是涂尔干的整体论视角。中文学界出于自身在 20 世纪下半叶受到的结构-功能主义叙事的影响，往往习惯于给涂尔干贴上实证主义的标签。这当然不是完全错误的，但是，实证主义本身就是一个混杂的概念。只需举出一个侧证就可以证明涂尔干和当今量化的实证主义的区别。帕森斯总体上采用的是演绎逻辑，即用高度符号化的表征体系来构建一个普遍的宏观模型。而帕森斯认为（也确实如此）自己的体系忠实地涵盖了涂尔干的社会学思想。从对于整体结构的偏好和对于整合及其功能的承认上，这一点是毋庸置疑的。这就造成了一个问题，很难想象，一个采用归纳逻辑的实证主义者是如何可能无矛盾地与涂尔干及其继承者帕森斯相兼容的。这就是说，一个实证主义研究家如果不在进入田野时带入任何理论预期，只用归纳手段从田野中获得由归纳得出的法则，那他实际上永远也看不到一个"社会"，有的只是一系列"社会中的零散景象"。我要说的是，涂尔干所说的实证（下文还要说到）与当今实证主义者的实证，其实并不在同一个层次上展开。涂尔干的实证面向的是社会学内部的因果关联，其对象是严格社会学化的；而当今的实证更多地借用统计学来形成因素间的线性或复杂因果关系，对于对象是"社会的"还是"社会中的"，处理则要随意得多。[17] 实际上，涂尔干自己在《序言》中就明确提出："我唯一能够接受的就是**理性主义者**这个称呼。我们的主要目标实际上是将科学的理性主义扩展到整个人类构建上去，即让人们看到，过往的人类构建是可以被归结于因果关系的，一种并非出于不理性的行动完全可以按照因果关系转化为未来的行动的准则。我们所说的实证主义只是这种理性主义的一项结果。"进一步解释的话，之所以是理性主义的，是因为"我们的准则既不包含任何形而上观念，也不包含对存在的基础的思辨。我们的准则所要求的，只是社会学家与物理学家、化学家、生物学家在他们的科学领域中面对新开发的领地时所具有的那种精神状态"。毋宁说，既然不能带入任何先入（a priori）的假设，又现实地可观察到由若干环节组成的复杂社会"事实"，那么归纳就成了客观地进行解释的可资运用工具之一。从这个角度出发，将涂尔干称作实证主义者当然也是有道理的。只是问题又**返回到而非取消**认识论设置上去了：可观察到的多环节的社会事实是一回事，因此就断定存在一个充分化合了的社会是另一回事。我们实际上无法确信，我们到底是**发现**了作为整体的社会的存在，还是出于这样或那样的原因情绪性地**承认**作为整体的社会的存在。"将社会当作物"无疑提示我们，涂尔干支持后一种看法。也正因此，他无法看到，这种看法本身就是潜在运用演绎逻辑的产物。也正因此，涂尔干的批评者往往会提到，《准则》背后也有一种泛社会学主义的形而上学。

其次，既然不能由部分来解释总体，客观的社会学解释就从寻求构成因果性转移到了生成因果性。这意味着，"结合这一事实本身就是社会现象的决定性条件，那么社会现象也必须按照结合的形式而改变，也就是说，按照构成社会的各部分的组合方式而演变。另一方面，就像解剖学的各部分因素按照它们在空间中所占的位置来构成器官的内部环境一样，社会的具有不同性质的因素结合后形成的整体构成了社会的内部环境，因此，我们也可以说：**具有一定重要性的社会过程的原初起源，要到处于内部的社会环境的构成中去寻找**"。而社会是历史性地演进的，涂尔干充分意识到了这一点！

不能像德国历史主义那样，将历史看作是个体的独创性；那样的话，就陷入了用部分解释整体，进而违背了前置的社会学准则。同时，又需要充分注意到社会的变迁。如前所说的社会化合过程并不直接等于历史的演进过程。换句话说，涂尔干并不支持这样的过程：人类在历史发展中首先处于某种不充分的、不完备的、没有完全完成化合的准社会/前社会状态，而后在逐步的化合中实现了现代社会这一完备的化合状态。情况正相反，无论原初和传统社会就其社会生理学意义来说多么简陋，任何时期的可见社会都是它自身的一个充分的化合物。在这个意义上，涂尔干是文化多元论的坚定支持者。只是，这些本身都是完备的社会又在历史场景中不停地、递进地演变。造成演变的既不是什么历史规律，也不是历史中的人的能动性，而是社会本身。"一个社会事实只能通过另一个社会事实才能得到解释。"这充分体现在涂尔干对犯罪的研究上面。犯罪不能被认为是道德的产物，也不能被认为是其他原因项的产物。每个社会都在自身之上析出了一定的群体事实，并将其当作犯罪。那么，就只能用犯罪在当前社会出现的原因，或犯罪对其所出现于给定社会的整体论层面的功能，也即社会功能，来对其进行解释。因此，**"当我们试图解释某个社会现象时，必须分别研究导致了这个现象的原因和它填补的功能"**。这既意味着，犯罪这个概念与历史发生了某种关联：并没有一个恒定的"犯罪"，犯罪概念本身就是演变的。但同时，这也意味着除了社会本身之外，没有其他因素可以作为犯罪的原因解释项。

这个论断事实上具有两方面的尺度意义。就社会学研究的内涵来说，所谓的社会学研究就不能是启发式的或沉思式的，而一定是解释式的，在涂尔干的方法论图景中，也就是分析式的。这意味着，社会学解释与对所生成的因果性的寻求被画上了等号。再一次强调，这时的因果性不是仿照机械论的构成上的因果性，而是仿照生物论的生成上的因果性。另一方面，就对这种因果性的方法论界定来说："现今社会生活的事件并不来自社会的现今状态，而是来自此前的事件，来自历史的既往，社会学解释因此无非是把过去和现在联系了起来。"

第三，还需要考虑如此设置的客观性将要如何可能的问题。这并非就是有关证成的问题。"如何可能"的问题总体上还是属于认识论设置，而有关证成的问题（后面会谈到）只是既定认识论设置之下，方法论如何施行的问题。回到"如何可能"的问题，既然不是由各组成环节之间的相互关系来提供解释的客观性，也不是外在于社会世界的什么先验概念来提供解释的客观性，人们就需要一个新的客观标准。理想状况下，这个标准将满足对多样的社会现象进行社会学萃取的可能性。而所谓萃取，就不仅仅是一项识别工作。还是以犯罪为例，前述关于犯罪的所有论述都不意味着，何为犯罪成了在给定社会中可以被随意指认的行为。涂尔干因此特别强调社会学家具有一种超然的科学家身份，这种身份来自作为科学的社会学，而社会学作为科学又来自其方法论所保证的客观性。社会学家不去做人为的取舍，否则社会学还是某种观念或政治的玩物。他只是将自己作为科学表述的代言人，来"将所有存在汇集在一起，然后形成一个抽象的图示化个体，我们就可以将这个表征称作平均类型，它具有种属最常出现的那些特点，也具有最常出现的那些形式，我们可以说，正常类型与平均类型是一致的，而与这个健康标准的所有差距就是病态现象"。显而易见，对这种表征的水平分析要建立在归纳性的对田野的介入之上，换句话说，建立在实证的基础之上。这种社会生理学意义上的归纳在任何意义上都不仅仅是识别工作。就像医学上对于任何一个指标的测量都不意味着"血压在给定区间内是一个常见状态"，而"血压在给定区间之外是没那么常见的现实状态"。后者就意味着病态。对于涂尔干来说，平均类型对社会学提供的不多不少就是同样的意义。

但社会学比医学所面临的状况要更为复杂。如果说平均类型和对平均类型的实证寻求提示了社会学的客观性并不仅仅是有关识别的工作的话，那么如下事实则是明显的：医学上的一个病人会表现出某些病态指标，同时他也会因为病症的存在而面临健康受损，甚至生命的终结。社会学家所看到的任何一个剖面的指标体系却并不能被用来断定所面对社会的整体命运（是否健康、是否能一直存续，等等）。我们"不能因此确认，最有用的就一定存在或可能存在。我们没有任何理由认为所有可能的组合方式都被经验过程试验过了"。这样，涂尔干就被迫在平均类型和平均值的概念之后，又加上"呼应社会的演进阶段"这一补充界定，以使问题得到纠正。但问题至此还没有得到彻底的解决：如果说前述将社会学科学化的努力摒弃了各种形而上学的可能和错误的方法论；而后通过模仿生理学来进行社会生理学层面的研究，从而保证了研究客观性不陷入简单识别的虚无主义（坦率地说，如果仅仅是识别，那么违法犯罪、奴隶制等社会病态就都简单地只是不同的名称）；而后又充分意识到，社会具有的复杂性和长时段历程使得社会学家无法获得医学家面对单个病人时的那种超然地位的话，最终还需要解决的是：社会在历史进程中表现出的多样态与客观性之间的关联。换句话说，社会形态学上的研究成为社会学的必要组成部分。

社会生理学上的研究在涂尔干之前就已经存在，而正是他的社会形态学（《准则》第四章）上的研究使得社会学的科学化进一步得到推进。涂尔干关于一夫一妻制的例子就提供了生动的证明。存在法律上的一夫一妻制（严格禁止一夫多妻）和事实上的一夫一妻制（法律允许但人们实际上无法负担超过一位妻子），它们之间的差异使得无法简单将某一社会行为视作普遍的病态。比如，重婚在前者中是犯罪，在后者中不是。加入社会形态学的部分为的是对应关于社会的演进阶段的研究。在涂尔干的笔下，社会从古至今不言而喻地逐渐趋于扩散和复杂化，这意味着社会背后有其自发且自为的规律，否则用"呼应社会的演进阶段"来补充病态/常态的区分，就是不可理解的。只是，涂尔干认为，他所处于的社会学的起步阶段，尚无法断言这种规律到底为何，但涂尔干也试图给出了他自己的具有中介特征的指标，这就是社会整合。社会整合概念并不是《准则》一书的重点，我们可以在《分工论》和稍后用大量篇幅探讨整合失效的失范状况的《自杀论》中看到涂尔干的详细分析。但是，整合概念在《准则》中也不是完全无涉的。首先，涂尔干建议通过与之接近的"融合"来实现对于不同社会类型的划分。前面已经论述过，平均类型是涂尔干指出的一个可见且可实证的指标，但是尚需将其放在社会在整个历史过程的演进水平上综合考虑。并非因为数量少就一定是病态的。证据就在于如下引用："如果禁止思想自由的准则在其被正式废止之前没有被侵犯，那么今天为我们所喜的思想自由也根本不会出现。但是，在那时，此类侵犯就是一种犯罪，因为它在那时确实是对普遍意识中一些极具生命力的情感的违犯。但这样的犯罪又是有效用的，因为它为演进做出了准备，而这样的演进也越来越成为必然。在整个中世纪乃至近代前夜，自由哲学的先驱们都被认为是异端而被俗世所惩罚。"同理，在涂尔干眼中，我们也不会认为伴随着自杀率的上升而认为自杀逐渐从病态走向常态。
这是因为自杀不言而喻地意味着对生命的不尊重。

　　但这个问题还是值得更多的讨论。首先，融合和整合并非完全一致。在涂尔干笔下，融合成为对理想状况下的社会生活的一种描述。比如，"社会并不仅仅是个体之和，而是由个体间的结合所形成的一个系统，它表征着一个独特的实体（réalité）并有其自身的特征。诚然，如果没有给定的个体意识，那么不可能产生群体意识；但这是必要条件而不是充分条件。还必须使这些个体意识相互结合、融合，并且是以某种特定方式相融合，因此正是这个融合过程造就了社会生活，也因此，这个融合才能解释社会生活"。但理想状况下的社会即便没有社会学和社会学家的存在，也还是理想状况下的社会。问题恰恰在于在不那么理想的状况下，社会学能够做些什么？而一旦当现实不再处于理想状况，整合就不仅仅与融合在描述上相一致，而是提供了一种刚性的规范命令了。显而易见，由于先期就将社会设置在了个体的另一极，由于从方法论的最根本处否定了心理因素的意义，涂尔干所说的作为形态学依据的普遍性，就不怎么可能是出现在个体一端的。涂尔干实际上不得不承认这一点。他补充道："**对于所考虑的社会类型来说，当现象的普遍性与群体生活的普遍条件相一致时，我们就验证了前述方法**。"这种倾向在涂尔干论述家庭和教育时常常作为例证出现。但在今天，像布尔迪厄等更晚近的学者已经给我们提供了长长的论证文献，让我们得知，在整合这一普遍性之外，家庭和教育实际上也包含了其他不那么普遍的东西，以至于整合看起来更像是给定社会的产物，而不是用来实现社会类属划分的依据。

无论如何，涂尔干将社会学纳入科学轨道的尝试发展出了一种作为实验科学的社会学。社会学就是对于社会事实之间因果联系的发现。从此，社会学就远离了内省的唯心论和神权政治，转而与现代伦理中的理性主义和共和主义保持步调上的一致。涂尔干与理性主义的关系我们在前面已经论述过，在此还需简单涉及一下他与共和主义的关系。诚然，涂尔干本人一辈子都十分注意维护自己科学家的身份。这意味着，即便个人生平上并不是无关政治的——他与他的同学、法国社会党元老让·若勒斯（Jean Jaurès）保持了亲密的友谊，但涂尔干终生并不直接参与任何政治讨论。唯有的两次例外是对德雷福斯事件和"一战"的评论，但从涂尔干的参与方式和论战内容不难看出，他并未将这两个事件单纯看成政治事件，而是认为这关乎世界的样貌，而他至少自认为是从科学的角度去维护这个世界的。一边是充分整合的、尽可能趋近理想中的融合状况的、代表着普遍性方向的、处于最发达社会类型的社会；另一边是继承了大革命以来所有成就的、不是无问题但却通过社会学等科学化了的社会科学学科介入可以改善的、化解了个体主义威胁的、代表了人类迄今以来的理性高度的法兰西共和国。这二者之间隐含的对仗关系并没有那么突兀。涂尔干的政治观并非导读的主要内容，尤其是，《准则》中将社会学科学化的努力看起来与他的政治观也有冲突。但实际上，已有众多学者指出，涂尔干并非能够完全摒弃任何政治倾向，而他的政治观念实际上倾向于一种保守共和主义。所谓保守当然指的不是退回到王权时代或更早，但"保守 / 激进"等评价显然都是在比较意义上存在的。涂尔干作为普法战争之后成长起来的一代学者，面对的是第三共和的普遍失败这一整体性的政治危机。那么作为团结运动的支持者，涂尔干在多大意义上是共和主义的维护者，因而也是"保守的"，就不言而喻了。[18]

六、证成问题：归纳与实证

还剩下最后一个问题，这就是在纯粹方法论的层面去指出，究竟应该如何施行等同于社会学研究本身的对于因果关联的分析。这个问题本身并不仅仅是锦上添花而已。如果说涂尔干一直致力于，并且主要期望通过《准则》这本著作，来将社会学科学化，那么证成问题以及随之而来的具有指导性的操作问题，就是这种科学性的最显见特征。这并不是因为只有科学需要考虑证成问题。实际上，在 20 世纪的哲学动态中，语言哲学和逻辑实证主义的双重努力也都充分将证成问题带入哲学的内在之中。但是这显然是涂尔干之后的事情了。与此同时，强调内在解释或内在诠释的社会科学流派就像其字面上的名字那样，将证成问题诉诸内在的因素。但涂尔干的方法论体系又摒弃了这种可能。在这种情况下，从外在条件去证成任何对因果关联的假设，就成了涂尔干思想体系中必不可少且必须要得到处理的一个环节。但这种双重作用并非没有代价。只要承认在自身中存在着什么意见、态度、观点等，而这些东西又不能被完全解释为此前社会作用在个体上的遗留（如传统）的话，那么社会学家就会自省地认为，自己的这些意见、态度、观念不来自社会学，而来自常识，并因此是错误的。换句话说，涂尔干不接受任何演绎的可能性，除非处于某一个截面时的演绎知识来自对此前社会的归纳。这就使得涂尔干眼中对逻辑作为逻辑的承认仅限于归纳逻辑。涂尔干基本上是归纳主义的。前面已经论述过，这并不意味着涂尔干事实上不受任何演绎逻辑的影响，而是意味着，他将演绎逻辑的知识成果放在了别的范畴里，而他本人从逻辑上的归纳主义出发，对此已经无法评判了。这也是为什么，在《准则》的最后一章中，涂尔干几乎是在与密尔对话，而完全无视了演绎逻辑。这也并非涂尔干本人的特征或瑕疵，事实上，培根-密尔传统的最大特征就是将归纳逻辑向前推进。至于演绎逻辑的发展，则要等到20世纪20年代的伦敦和维也纳[19]了。

在这种情况下，涂尔干首先驳斥了密尔关于"原因多样性"的思考，并且将这一点视作古早的常识对于密尔的错误影响。一个结果只能由一个原因造成。如若出现了归因上的混杂，那只能是因为形态学上的先期工作没有充分展开。

在此之后，剩下的工作就相对较为简单。由于密尔对于归纳逻辑的贡献在于区分了四种（对于自然科学的适当场景来说）行之有效的归纳方法，剩下的就只是考虑这四种方法在社会学领域的适用情况了。

涂尔干在这里总体上是审慎的，其相关论述总体上也是精当的。首先是契合法、剩余法与差异法在社会学上的不适用。用较简单的语句解释的话，所谓契合法是指，在诸现象中发现包含同一个要素，则该要素被推定为原因项。举例的话，我们发现契合法非常适用于对连环杀手的动机推定。在若干杀人案中，看似随机的案发背后可以找到隐含的唯一共同因素（服饰、发色，等等），侦探因此追寻这条线索最终锁定了罪犯。我们通过侦探小说对此并不陌生。但是这项归纳推定无法运用于社会学上。首先，社会总是复数的，且这个复数并不可用例数的方式去穷尽。那么，与凶杀案具有给定的作为归纳资源的案件数量相比，社会在量上就宣布了契合法的不可能。其次，社会中各方面的因素是如此繁复，以至于像锁定案件中的唯一共同因素那样锁定社会诸形态间的唯一共同因素根本也是不可能的。所以涂尔干才会评论道："由于现象具有特别大的复杂性，任何人为的经验性设置都是不可能的。"剩余法在社会学有类似的难度。由于我们总是处在所经历的社会之中，因此自然无法完全洞悉社会的全貌，这个全貌既指它所蕴涵的所有关系和内容，又指它所可能经历的所有阶段。那么，就根本无从谈起什么是"变动的"，自然也就无法去比较什么是变动中剩下的。契合法和剩余法共享同一个前置的知识条件，这就是要预先知道样本的数量，这在社会现实中是不可能的，因而用它们来完成社会学上的证成也是不可能的。

差异法的主要代表就是医学上常常使用的双盲实验。实验将变化仅仅控制在某一个因素上，并以实验条件保证其他因素完全一致，进而归纳是否出现差异，出现了什么差异，等等。但任何一个社会就其自身而言都是唯一的。即便当我们锁定两个看似类似的社会，它们之间的差异也仅仅意味着它们是看起来类似，却分属两个不同类型的社会。同时，社会学家缺少像医学家那样主动开展有限范围内的实验的可能性。因此，涂尔干眼中作为实验科学的社会学，只是一种被动实验意义上的科学。但还需要补充的是，这三种并非严格不适用于社会学，而是"总体上"不适用于社会学。比如，差异法最大的问题在于无法人为地制造对比组和实验组。为了研究自杀是否与自杀技术有关而人为地制造一个组，其中成员都必须是成功自杀的，而另一个组则必须因技术因素而使自杀失败，这样的实验在任何意义上都是谋杀。但同时，也不能排除依据给定研究主题和现实的案例状况，确实存在恰好可被比较的差异组别。

于是，共变法就成为涂尔干主要诉诸的社会学科学方法。共变法并不要求用尽可能多的样本资料去完成概率推定。而是通过观察，确认在演进的过程中，某一因素的演变与另一因素的演变严格相关/严格相反。那么就可以确认，在这个因素与另一因素之间存在因果关联。比如，在血糖浓度和肥胖之间，就可以通过观察和测量完成对共变的因果证明。回到《准则》，涂尔干力图作为例子证明，在宗教传统主义的衰落和自杀率的上升之间存在共变关系，因而前者是后者的原因。事实上，我们可以发现，共变法是一种较为松动的归纳逻辑，它并不像被广泛运用于自然科学的其他归纳方法那样严格，更不像演绎逻辑那样严格。但好处是，越是严格，就越是受条件限制，也就越是难以带来任何新的具有效用的判断，因此较为松动的共变法从某种意义上成了知识的解放工具。

问题则是，共变法的这种较为灵活的特点也伴随着滥用的可能以及谬误的出现。导致共变的不一定是因果关系，还有可能仅仅是伪因果的相关关系。我们都很熟悉在冰淇淋销售数量上升和溺水身亡的数量上升这种看似共变的关系之上，需要再加上气温变化来进行解释。同样，涂尔干也充分认识到了这一点。在受教育人数上升和自杀率上升之间，必须加上传统主义的衰落来进行解释。那么，就是传统主义的衰落同时导致了受教育人数上升和自杀率的上升。就像是气温上升同时导致冰淇淋销售数量上升和溺水身亡人数上升一样。

最为关键的问题实际上并不在这里，而是在这背后。作为科学家的我，如何在观察到数理上相关的两个共变因素的同时，拒绝承认它们是直接的因果关联，转而要去寻求第三个因素作为解释项呢？这恐怕只能去求助于理智的那种超越于数理关系之外的理解力。但任何这种理解力都不可能是纯然归纳的。我们并不是因为归纳获得理解力，而是因为理解力才可能去施行归纳。在涂尔干这里，这是他需要面对，却又不可能仅在他的社会学外在解释方法论那里得到解决的问题。涂尔干的做法是追溯一个抽象的心灵："重要性正在于，心灵的这种加工需要采取整全（méthodiquement）的方式，并使我们可以把握。因此，我们首先要求助于演绎，来弄清楚两个项之中，一者如何产生了另一者；然后，我们要借助于经验，也即新的比较，来努力验证演绎的结果是否正确。如果演绎是正确的，其结果也被证成，我们就可以将这项证明视作一个事实。"这就成了一种循环论证，如果我的心灵是整全的，那么我就能以之作为最终的判断来源，然后在其之下，在科学范畴去开发一个科学的社会学。反之，如果某一学者（如孔德和斯宾塞）的社会学不那么科学，最终是因为他们的心灵没有那么整全。应该要注意到，这种做法所强调的科学之所谓"内部的"，总是相对于人的"外部的"，其最终也只能用插入工具变量的做法来完成持不同意见的学者所面对的"到底谁的心灵才是整全的"的龃龉，而工具变量实际上就意味着内生性不足，这也成了当今社会学的滥觞之地。

事实上，受限于当时的时代背景和知识条件，涂尔干也不大可能有能力将归纳证成推进到概率的层面上去。涂尔干所支持的因果关联是决定论的，而不是当代统计学介入之后那样的概率论的。从这个意义上说，涂尔干和韦伯的距离并没有想象中那么远，他们所理解的因果关联很大程度上都不在于"量的统治"，而在于具体事件背后所具有的分类意义及其体现的历史效用上。区别则在于，韦伯的方法论支持的是一种内在解释，即理解；而涂尔干支持的是外在的解释。换句话说，涂尔干并没有真正改变内在心灵与外在社会世界之间的摩擦，至少仅就《准则》而言，他只是将前者界定在科学视野之外，以期在科学版图内建立一个"并非无心灵参与，却又不依靠心灵来解释"的社会学。这样的社会学看不到，如果没有心灵的任何参与，那么学者根本无法区分安乐死的协助者和谋杀犯。

七、一个结尾

综上，涂尔干的《准则》实际上并不是"开山之作"，却又对社会学的发展起到稳定器的作用。涂尔干的思想受到前人的影响，特别是受到法国19世纪哲学和史学的影响；当然，还受到以培根和密尔为代表的现代科学主义的极大影响。但同时，涂尔干的思想又包含了对此前思想的批判，尤为明显的是对各种社会哲学和基督教改良主义、保守主义的批判。归功于这本著作，人们摈弃了用当时流行的泛生物因素来解释社会的倾向，包括种族、智力水平等。"与社会有关的"要由"社会的"来解释。同时，涂尔干承认多样态的社会，又宣称作为科学的社会学。这使得社会学不再是关于诸种社会样态的育种学或官房学。他的这种努力使得社会学和政治、神学、神秘主义都拉开了距离。但同时，如果说社会是复数的，那么涂尔干只接受一个单数的社会学，即，一个对象、一个方法、一个学科。为了使社会学成为一门真正的科学，需要从方法论上将其与散碎的关于社会的哲学思考、各种社会思潮以及借助其他学科来解释社会的倾向都拉开距离。这种新的社会学需要以逻辑作为保证，并在自身的研究中完成符合逻辑的对现实的证成。本着这种考虑，《准则》一书实际上在各章节间有极强的呼应关系，并对应着 1. 认识论设置与科学性，2. 方法论规划与客观性，3. 证成的可能性，这三个递进的组成部分。

因此，在对涂尔干进行总体定位的时候，我们当然可以因为其与实证主义，特别是归纳主义的亲缘关系将其界定为实证主义者，但实际上，对涂尔干最好的描述是整体论者和客观主义者。[20] 这当然并不与实证主义者的考语相矛盾。同理，如果我们注意到，在涂尔干将社会学进行科学化的努力以及自然科学所提供的知识图谱之间的类似，那么也不妨将涂尔干称作自然（科学）主义者，只是这绝不是在斯宾塞式的自然主义者意义上展开的。还有的就是对形态学和因果关系功能上所起的作用的关注，那么又有了涂尔干功能主义者。只是，如果像涂尔干那样强调功能是相对于社会整体结构而言，而不是像涂尔干嘴里的功能主义者那样，强调功能是相对于个体人而言，那么我们又有了涂尔干反功能主义者。所有这些用词都致力于描述涂尔干，又都只是部分描述了涂尔干，对此，唯一合适的做法就是将作者放置在独特的历史和知识场景中加以理解。

但是，我们并不主张把历史场景当作挡箭牌，从而间接再次将涂尔干"封圣"。那样的伪神只会在模棱两可之间让涂尔干力图排除出社会学的东西再一次回来。与这种不获信任的伪神形象相比，涂尔干更多的是一个真诚的学者形象。同时，在场景之外，同时还需要兼顾思想在超历史的意义上的适当性。而对涂尔干的评价不应由他是否有错展开，而应由他带给我们什么而展开。涂尔干也不是社会学上的承包商，与其寻找他发明了什么，不如考虑我们今天的社会学有多少是因他而起的，这既包括对他的继承，也包括对他的批判。那么，《准则》确实是一个里程碑，不是神学上的里程碑或理性主义的里程碑，而是理智本身的一个界碑。无论对于涂尔干的观点是否支持，我想，没有人会反对《准则》中展现的理性气质和对世界加以理解的生命冲动。

正是出于上述这种态度，我才重新翻译了《准则》。同时，我将涂尔干写作于 1895 年的题为"社会学研究在法国的现状"论文也翻译出来，作为附录呈现。首先，这篇论文的写作时间与《准则》的出版年份一致，这让我们可以更好地认识涂尔干于《准则》写作时期所关注的议题和具有的思考等。其次，这篇应邀写作的论文以社会学的学科化为直接对象，而这正是《准则》一书的主旨。两相对照或可收获到更好的阅读效果。

本译著还专门邀请了法国著名社会学家米歇尔·马费索利作了中文版序。马费索利教授在荣休前常年担任巴黎第五大学（70 年代拆分高校运动之后，原巴黎大学的"索邦社会学"传统由巴黎五大继承）涂尔干教席教授。而向前追溯的话，这个教席正是涂尔干于 1902 年在巴黎大学所获得的那个教席。马费索利教授常年致力于感性社会学的研究，乍看起来，这与涂尔干的社会学学说似乎已经出现了不小差异。但我们可以从中文版序中体会到另一个层面上的一致性。其中的奥妙与差异，颇值得读者玩味。最后，我还要感谢责任编辑于力平先生，正是他感到有必要重新经由法语来翻译这一社会学经典著作，并且正是他出于信任的委托，我才有契机成为本书的中译者。令我最为惊讶的是，在十余年之后再读这本我以为早已熟悉的著作，给我提供了全新的思索，这或许也是对本书经典地位的一个侧证。

注释

1. 这种提法很可能来自吉登斯的著作《资本主义与现代社会理论》的走红。他在其中探讨了马克思、涂尔干和韦伯三位早期社会学家。伴随着 20 世纪后期吉登斯的走红，这种荟萃式的称呼也流行了起来。

2. 路易·迪蒙：《论个体主义》，桂裕芳译，南京：译林出版社 2014 年版，第 91 页。

3. 同上。

4. 按照尼斯比特的看法，涂尔干对道德的持续关注直接来自冯特对道德的关注。参考，Robert Nisbet, *The Sociology of Emile Durkheim*, New

York, Oxford University Press, 1974, p. 6。

5. Jacques Guilhaumou, «Les Manuscrits Linguistiques du Sieyès (1773—1776)»; in *Archives et Documents de la Sociétés d'Histoire et d'Epistémologie des Sciences du Language*, Vol. 8, No. 1, 1993, pp. 53—86. 涂尔干本人确实也以为这个词是孔德发明的，这更像是一种来自孔德对用词的推广功劳所造成的错觉。

6. Bourgeois 按字面意思解释为城里人或市民阶级，但按照其所指又被翻译为资产阶级。这里当然出现了一种饶有社会学趣味的对应：最早一批资产阶级确实来自城市。至于城市化和资本化之间的相互关系则要复杂得多了。

7. 路易·迪蒙：《论个体主义》，桂裕芳译，南京：译林出版社 2014 年版，第 86 页。

8. 一个略显无聊但并未完全是多余的解释：为什么社会学不是国王而是女王或王后，这是因为社会学这个词在法语中是阴性词，其对应的是女王而非国王。

9. Laurent Mucchielli, *Introduction*, in, Durkheim, *Les Règles de la Méthode Sociologique*, Flammarion, 2011, pp. 7—63.

10. Fustel de coulanges, *L'alleu et le domaine rural pendant l'époque mérovingienne*, paris, hachette, 1889, pp. IV—V, cité par L. Mucchielli, Aux origines de la nouvelle histoire en France, l'évolution intellectuelle et la formation du champ des sciecnes sociales, *Mythes et histoire des sicicenes humaines*, p. 123.

11. 涂尔干认为，社会学比史学具有更大的形式意义。也就是说，社会学必须统领史学，但如果史学以社会学方式展开，那它就是社会学的，而不是史学的。这意味着，社会学需要参考历史生成中的社会，但并不是历史自己提供了对于社会的解释。这也意味着，他对于古朗日的赞赏是因为后者表现出的从史学家角度对于社会学的赞赏，而不是相反。那么我们很自然地可以将涂尔干的历史观仅仅限于"历时"这一意义上。参考，《社会学年鉴》，"前言"，in，Kurt H. Wolff (Ed.), *Emile Durkheim, 1858—1917*, Columbus, Ohio State University Press, 1960, pp. 343—344。

12. Robert Nisbet, *The Sociology of Emile Durkheim*, New York, Oxford University Press, 1974, p. 95.

13. 如果进一步细分，我们尚需区别拿一个心理学效应去解释所有的社会现象，和拿每个人都自然拥有的心理效应去解释后续的社会现象之间的差异。比如，将所有行为解释为"性冲动"和用每个人都会拥有的友谊去解释赠予关系这二者之间的区别。在这个问题上，齐美尔是不加区别地混淆二者的最大的牺牲品。因与涂尔干关联性不强，在此只是提及。

14. 参考《准则》，p. 84，用燃素解释火、用瞌睡虫解释困意，都是常识被科学证伪的经典例子。这背后是常识诉诸某未经实证的演绎-类比假设所造成的错误。既然海浪由水分子组成，那么似乎火就"应该"由燃素组成。既然吃坏肚子可能是因为苍蝇爬过食物，那么困意就似乎"应该是因为"另一种虫子导致的。

15. Emile Durkheim, *Texte1, Elements d'une Theorie Sociale*, Paris: Minuit, 1975, p. 31.

16. Durkheim, *I'avenir de la religion*; 1914, repris in durkheim, *La science sociale et l'action*, paris, PUF, 1970, p. 309.

17. 霍华德·S. 贝克尔就指出，其实在实证主义内部存在纯粹归纳主义和演绎-归纳主义两种不同的认识。从认识论上，涂尔干更像是演绎-归纳主义者，否则社会的存在就很可疑。但他关于演绎逻辑的批判，特别是在批判孟德斯鸠时的论述，又让人误以为他是纯粹归纳主义的。由此引申，他对于孔德的批判就显得苛刻了，因为他与孔德的差异只是"社会还是人性"的设置而已。参考霍华德·S. 贝克尔：《证据：如何用数据说话》，王飞译，北京联合出版公司 2019 年版。

18. 关于涂尔干学说中的政治观，请参考 Melvin Richter, "Dukrheim's Politics and Political Theory", in, Kurt H. Wolff (Ed.), *Emile Durkheim, 1858—1917*, Columbus, Ohio State University Press, 1960, pp. 170—210，关于涂尔干的保守主义，请参考 Lewis A. Coser, "Durkheim's Conservatism and Its Implications for His Sociological Theory", in, Kurt H. Wolff (Ed.), *Emile Durkheim, 1858—1917*, pp. 211—232。

19. 我指的是 20 世纪初在伦敦和维也纳开始，一度非常兴盛的哲学逻辑实证主义，其演绎的实证主义基调与今天社会科学各门类中充斥着的归纳的实证主义基调正好相反。

20. 虽与《准则》关系不大，但将布尔迪厄与涂尔干对照总是有趣的。在法国社会学内部，布尔迪厄提供了对客观主义社会学的最大，至少是最著名的批判。但也有学者指出，布尔迪厄与涂尔干的距离事实上并不大。布尔迪厄的幻象观念在其服务于自身理论的功能意义上，与涂尔干通过预断观念来排斥日常知识有极大的相似性。参考 Bernard Dantier, Introduction aux Règles de la Méthode Sociologique, p. 26。问题并不在涂尔干那里。布尔迪厄通过结构化的结构给他的社会学模型带来了一些能动的可能，在这个意义上，他的创见是革命性的，但他的社会学革命只停留在半道上。

第一版序言

人们是如此地不习惯于科学地研究社会事实，这使得本书中的一些命题可能会让读者感到惊讶。然而，如果说存在着一门关于社会的科学，那么这门科学就不应该建立在对传统的成见的简单重复之上，而是能让我们看到常人没有看到的那些东西；这是因为，所有的科学都致力于发现，而所有的发现都或多或少在反对着已有的观点。因此，在社会学上，要么我们把权威交给常识——我们不知这种权威来自何处，并且常识在其他科学门类中早就已经丧失这种权威了——要么学者就不要对他的研究所获得的结果心怀犹豫，只要这些结果是全面得出的就行了。如果说专爱找寻悖论的是诡辩者，那么当事实指向悖论时还逃离悖论的，则是懦夫和科学上的无信仰者。

　　不幸的是，承认这些准则在原则上和理论上是容易做到的，而运用则是困难的。我们还太习惯于用常识所建议的方式去处理这些问题，以至于结果与社会学讨论相去甚远。当我们自认为避免了这些问题的时候，它们又以我们没有预料的方式将其判断施加到我们身上。只有长期的独特实践可以让我们避免这些失误。我提请读者们不要忘记这一点。希望大家谨记，最常用的思维方式可能正好阻碍了而不是有利于对社会现象的研究，因此，要对自己的第一印象保持警惕。如果没有这种警惕，那就有可能在不清楚我们所说东西的情况下对我们妄加批驳。比如，有可能对我们妄加指责，说由于我们把犯罪看成是正常的社会现象而指责我们容留犯罪。但这样的指责是很幼稚的。因为所谓正常，指的是在所有社会中都会存在犯罪，而对犯罪施以惩罚也没有更不正常。镇压系统的制度存在与犯罪的普遍存在一样都是非常普遍的事情，对于群体的健康来说都是必不可少的。要想没有犯罪，就需要所有个体意识处于同一个水平，这既不可能也不可取，我们会在后面谈到具体原因。而要想没有镇压，就需要道德上的同质性的彻底缺席，而这与社会的存在是背道而驰的。但常识却是从犯罪是恶的和令人不快的这些事实出发，错误地认为犯罪应该完全消失。按照这种来自日常的简化论观点，常识无法理解这种令人讨厌的东西怎么还会具有什么有用性，且不理解这件事情本身并不是什么矛盾。机体不也包含某些令人生厌的功能吗？这些功能却是个体健康的必要角色保证。难道我们不讨厌痛苦吗？但感知不到痛苦的只有怪物。一个物的正常属性与人们对它的反感之间甚或会有稳定的联系。如果说痛苦是个正常的事实，那也意味着没有人喜欢这个正常；如果说犯罪是正常的，那也是在人人都憎恨它的前提下而这么说的。[1] 我们的方法因此并没有什么革命之处。从某种意义上说，它甚至是保守的，因为它把社会事实作为物来考察，而其本质虽说是柔和且可塑的，但却不是随着意志转移的。那种将社会事实看作心灵产物的学说是多么危险啊，因为辩证法上的一个简单的人为干预就从根本上颠覆它了！

同样，因为人们已经习惯于把社会生活当作是唯心观念上的逻辑发展，所以可能有人会批评我们的这种方法是拙劣的，因为我们认为群体演化是取决于空间中给定的客观条件的，人们也有可能因此将我们当作唯物主义者。但是，我们更有理由向人们要求相反的称呼。实际上，唯灵论的本质难道不正在于认为心理现象不能直接发端于机体现象吗？而我们的方法在部分的意义上只是把这项原则运用到了社会事实上面。就像唯灵论者区分了心理运行和生理运行那样，我们将心理运行与社会运行做了区分，像他们一样，我们拒绝通过简单的因素去解释复杂体。然而如果较真的话，无论是唯物论还是唯灵论都不能精确地指称我，我唯一能够接受的就是**理性主义者**这个称呼。我们的主要目标实际上是将科学的理性主义扩展到整个人类构建上去，即让人们看到，过往的人类构建是可以被归结于因果关系的，一种并非出于不理性的行动完全可以按照因果关系转化为未来的行动的准则。我们所说的实证主义只是这种理性主义的一项结果。[2] 只有在认为"事实是不理性的"的情况之下，我们才会想着用超越事实的方法去理解事实或指导有关事实的整个过程。而如果事实整体上是可以理解的，那么无论对于科学还是对于实践，事实本身就够用了：对于科学来说事实够用了，因为这时并不会有"在事实之存在之外再去找寻其存在理由"这样的动机存在了；对于实践来说也够用了，因为事实的使用价值就是其实践之诸原因之一。因此在我们看来，尤其是在神秘主义正在复活的当下，只要人们与我们就理性的未来有共同的期许，那么即便在一些细节点上与我们仍然存在分歧，他们也一定会毫不犹豫甚至满怀热切地接受我们的这种尝试。

注释

1. 但有人会反对说，如果健康包含令人厌恶的因素，又怎么能像你在后面说的那样，将它看作是构建的直接目标呢？这里并不矛盾。总是有这样的情况出现：一个物所造成的结果既可能是有害的又可能是有利的，甚或是生命所必需的；然而，即便其不良效果常常被相反的影响所抵消，以至于它没有造成实际的危害，它还是会被认为是惹人讨厌的，这是因为它本身就带来了一种潜在的危险，而对危险的消除只能借助于别的相反力量才能实现。犯罪就处在这种情况下，它对社会的危害要由常规运行的惩罚来消除。因此，就可能出现我在下面将详细论述的一种状况，我们可以让犯罪不去产生它希望造成的恶，但这时的犯罪与社会生活的根本条件一起构建了一种积极的关系。但是，又不能因为使犯罪没有危害就去认为对犯罪的厌恶不再有根据了。

2. 这就是说，不要把我说的实证主义与孔德和斯宾塞的实证主义形而上学混淆起来。

第二版序言

从这本书第一次面世至今已经产生了很多争议。通行的观点是如此得充满敌意，它们先是带着一种激情去抵制我们，以至于在一个很长的时间段里我们的声音根本无法被听到。哪怕是在一些我们已经最清楚不过地阐述了的问题上，人们也毫无来由地把我们与一些完全无关的观点混淆起来，然后自认为通过把那些观点驳倒而将我们驳倒了。而我们则已经声明过了，在我们看来，无论是个体意识还是社会意识都不是实存性的（substantiel），它们不过是对于一些**独具一格**（*sui generis*）的现象的汇总，这些现象或多或少是系统地汇总的。但人们总是给我扣上实体论者（réalisme）或本体论主义者（ontologisme）这样的标签。即便我们已经清晰且不停地用各种方式反复说明，社会生活之全部只是由其表现构成的，人们还是控诉我取消了社会学中的精神因素。为了与我辩论，有人甚至抬出了那些我早以为消失不在的辩论方式。实际上，他们强将一些我们并不认同的观点加到我们身上，并宣称这些观点"符合我所提出的原则"。经验却早已证明，这种随意确立辩论体系又随意将其推翻的做法是多么有害。

我们认为，说这种抵制正在逐渐式微，这并没有什么不妥。无疑，对我们的争议尚存且不止一处。但对于这样的有益的质疑，我们既不感到奇怪也不抱怨。实际上显而易见的是，我们规定的程式在未来也还需被修正。我们所确定的这些程式是来自我的个人实践，并且是在一个非常有限的范围中完成的，那么这些程式必然会被有关社会实在的更广和更深的经验来重新调整并从中得到发展。另外，说到方法，我们能够做的就永远是暂时性的，这是因为伴随着科学的发展，方法也在演进。不仅如此，近年来，即便存在着反对意见，客观、独特和完备的社会学事业也在不间断地攻城略地。《社会学年鉴》(*L'Année Sociologique*) 的创刊在很多人看来无疑就是成果之一。由于《年鉴》同时涉及所有科学门类，因此它比任何一个特定著作都更利于让人们体会到社会学应该且能够如何而行。我们还能够看到，社会学并不作为广义哲学的一个分支而存在；此外，社会学可以与事实的细节直接建立联系，而不去做纯粹的空论。因此，我们应该对我们的合作者们的热情和献身精神表示最崇高的敬意。正是归功于他们，这种由事实所带来的证明才得以开始，并持续进行下去。

然而，无论已经取得了什么进步，不可置疑的是，误解和混淆还并未完全消除。因此，我们想借再版的机会对我们已经做出的解释进行补充，以此来回答若干批评意见，并对若干问题进行新的更为明确的解释。

一

必须将社会事实当作物来研究，这个论断是我的方法的基础，而正是在这个论断上招致了对我的最大的批评。人们认为，我在关于外部世界之事实和关于社会世界之事实之间建立的类比是荒谬且丑恶的。这是对这种类比的意义和内容的巨大误解。我之所以这么类比，不是要将存在的高等形式降为低等形式，而是相反寻求向前者赋予某种实在上的度，使之至少与普遍得到承认的后者的实在程度相当。实际上，我们不是要说，社会事实是物质意义上的物，而是说，它们与物质之物具有同等的层级，却属于不同的类型。

那么，物到底指的是什么？就像那些我们从外部去进行认识的东西与我们从内部去进行认识的东西是相对的一样，物与观念相对。物就是如下这些东西：凡是认识对象中的那些理智不能自然把握的东西，那些我们不能通过精神分析的简单程序去获得其适当概念的东西，那些精神只有在走出自身后才能够去通过观察和实验来加以理解的东西，而这时的理解也意味着从最外部和最直接获取转向不那么直接可见的更深层次。因此，将事实用物的秩序来看待，这不是说将事实划分到实在的诸范畴中去，而是指以特定的精神态度来观察它们。这就要求在研究中秉持这样的原则：我们一开始对其一无所知，因此其属性特征与其所依靠的因果关系都是未知的，而这些不能靠哪怕是最认真的内省来完成。

如此确定了概念之后，我们的论断就不再会被当作荒谬的了；在有关人的那些科学中，特别是在社会学中，如果不这么经常地被错误理解，我们的论断就近乎成为一种自明之理。实际上，从这个意义上说，我们甚至可以认为所有的科学对象都是物，或许除了数学对象之外。因为对于数学对象来说，由于是我们自己由简入繁地建构起了这些对象，那么为了知晓这些对象，只需要向我们的内部探寻，并内在地分析产生了这些数学对象的精神过程即可。但是，一旦涉及的是真正的事实，那么在我们试图开展科学研究时，这些对象对于我们来说就必然是未知的，是尚不被了解的**物**，这是因为我们在生命过程之中对其的表达是不含方法并且不含批判的，是不带有科学价值的，也因此是需要被排除的。与个体心理学相关的事实本身就表征着这种特征，并且要在上述这些特点下来看待。实际上，无论定义如何把我们所具有的意识限定在我们之内部，它们既不揭示我们的内在本质，也不揭示其发生。意识直至某个点才让我们对其有所知，但这也是像感觉让我们去认识温度和光、声音或电那样，它带给我们的是一些混淆着的、经历性的、主观的感受，而不是清晰和差异化的观念和具有解释力的概念。正因如此，在本世纪才建立了客观心理学，其根本准则就是从外部去研究精神事实，也即，物。对于社会事实就更是这样了，因为意识去尝试认识社会事实的能力不可能超过它认识自身的能力。[1]——有人会提出反对意见，他们认为，既然社会事实是我们的造物，那么就只有在我们对我们自身有意识的情况下，我们才能知晓我们所造就的是什么，以及如何造就了它们。但首先，社会制度的绝大部分是由在前的一代代人造就并遗留给我们的，我们并没有参与其形成过程。其结果就是，我们对造成其出现的原因的发现并不伴随着对我们自己的思考。还有，即便我们参与着这些制度的发生过程，也是以最模糊，往往还是最不准确的方式去勉强猜到决定我们行动的真正原因和我们行动的本质。即便仅就我们的私人行动而言，我们也很难知道指导着我们行动的一些相对简单的动机，有时我们自以为是出于无私，其实却是出于自私在行动；有时我们以为是出于恨，其实却是出于爱去行动，有时我们认为是出于理智去行动，其实却成了不理智的成见的奴隶，等等。那么，我们又如何能够更加清晰地识别群体行动的发生原因呢？集体行动比这些个人行动可要复杂得多了。因为不管怎样，对于整个群体行动而言，个人的参与只是其中很小的一个部分，我们在群体行动中所拥有的是一大群参与者，而别人的意识是怎样的，我们对此并不清楚。

因此，我们的准则既不包含任何形而上观念，也不包含对存在的基础的思辨。我们的准则所要求的，只是社会学家与物理学家、化学家、生物学家在他们的科学领域中面对新开发的领地时所具有的那种精神状态。在进入社会世界之时，社会学家应有意识于其所进入的是一片未知地带，他要对周遭事物的呈现有意识，而有关这些事实的法则尚未被设想出来，这就像是生物学尚未确立之时面对生命现象时的那种状况一样。社会学家要做好发现的准备。这些发现有可能使他惊讶和感到困惑，但社会学必须达到这种理智上成熟的程度。研究物理自然的学者们强烈感受到，他们所试图战胜的自然对他们的抵御是如此的强大；而看起来社会学家们所面对的，竟是由对精神来说直接透明的事物所组成的场景，那么看起来对即便是最棘手问题的解决都是一件随心所欲的轻易之事。但就目前的科学水平来说，我们实际上对如国家或家庭等的社会制度的原则、物权法或合同法的组织原则、刑罚与责任等都尚不知晓；我们甚至对这些因素所依仗的原因、它们承担的功能、它们的演化法则，等等都一无所知。如果说我们在若干点上开始看到一点光亮的话，总体上我们还是所知不多。然而，只要翻阅一下社会学著作，我们就能看到对这种无知和困境有意识的观点是多么稀少了。人们不但认为要一劳永逸地垄断所有问题，还认为只用几页话甚至几行话就能够直达哪怕是最复杂现象的本质。这意味着，这些似是而非的理论所提供的并不是事实，事实是不可能以这种速度被穷尽的，它们提供的只是作者在研究之前就带上了的成见。诚然，我们自己创造了群体实践这一观念，也即群体实践是什么或应是什么这样的观念，它本身就是群体事件的发展中的一个因素。但是，这个观念本身也是一个事实，如要不偏不倚地界定它，就只能从外部去研究它。因为这时需要知道的，不是某个思想家个人如何去看待这个制度，而是群体所具有的观念，实际上只有这种群体的观念才具有社会意义。而对其的认识又不能简单地通过内部观察来完成，因此就需要找寻到外部的若干信号，观念正是通过这些外部信号而变成可感知的。还有就是，这样的观念也不会自己从无到有，它总是由外部的原因所导致的，那么只有知晓其原因，才有可能知晓其未来会扮演的角色。无论如何，要采取的都是同样的这种方法。

二

　　另一个命题所引起的纷争并不比前一个更小，这就是如下命题：社会现象是外在于个体人的。人们如今已较为愿意承认，有关个体人的生命的事实和有关群体生活的事实从某些角度上看是异质性的：我们甚至可以说，对于这一点，即便尚没有形成完全的统一，我们也在一个较为普遍的意义上实现了意见一致。现在，完全不同意社会学具有其自身特殊性的那种社会学家已经基本上不存在了。但是，由于社会只是由个体组成的，常识看起来就还是会认为，社会生活除了个体意识之外不可能有别的基质（substrat）[2]，否则，社会生活不但本身是虚无缥缈的，还会植根在虚无之中。

　　然而，当谈到社会事实之时让人们轻易就觉得不可接受的，在其他关于自然运行的科学门类中却早已成了寻常之事。无论具体是什么因素，每当这些因素相互融合之时，都会因其相互结合本身而形成新的现象。要看到的是，这些新的现象并不存在于这些造成融合的因素之中，而是存在于它们的融合所形成的新的形式之中。

生物细胞在矿物质之外并不包含其他东西，这与社会在个体之外并不包含其他东西一样，但显然，表征了生命现象之特征的东西不可能存在于氢、氧、碳、氮这些原子中。这是因为，生命运动又怎么可能由这些无生命的因素自我生成出来呢？此外，生物属性要怎么寓居于这些因素之间呢？生命属性不可能同等存在于它们身上，因为它们本身就具有不同的本质，碳不是氮，因此它不具有氮的属性，也不会和氮扮演同样的角色。并非不可承认的是，生命的每一方面，其每一个主要特征，都存在于一组不同的原子之中。其结果就是，生命本身是一，其作为具有生命力的实存，是寓居于其整体上的。生命在于其整体，而不在于其部分。滋养细胞并自我繁衍的，或总之一句话：使细胞作为活物的，并不是其无生命的那些部分，造就它的是其自身也只能是其自身。我关于生命的这些论述也可以同等运用到其他可能的综合之上。比如，青铜的硬度并不存在于铜、锡、铅这些形成了青铜自身却柔软或易变的元素之中，而是存在于这些元素的混合之上。水的流动性，它滋养万物的特征及其其他特征也不存在于构成它的两种气体之中，而是存在于这两种气体经由它们的化合而形成的复杂实存之中。

让我们把这些原则运用于社会学之上。如果人们同意我的这种看法，即认为所有社会的这种**独具一格**的特点产生了新的现象，从而不同于稳定的意识中的那些原来的现象，那么就必须承认，这些特定的事实是存在于产生了它们的社会之中的，而不是存在于社会的各个部分之中，也即其组成成员之中的。因此在这个意义上，这些现象是外在于被作如是考虑的个体意识的；同理，生命之独特正是外在于组成生命性存在的那些矿物性的实存的。拿因素去还原整体不可能不出现矛盾，因为由其定义可知，独具一格的事实就意味着与构成其的因素相别的其他东西。这样，我在下文要做出的在严格意义上的心理学，或说有关精神个体的科学，与社会学之间的区分，在此就又获得了一个新的理由的支撑。社会事实与心理事实的区别并不仅仅在于其质（qualité），**它们具有不同的基质**（substrat），它们不在同一个场景中演化，它们也不依靠相同的条件来演化。这并不是说，社会事实从某种角度来说完全不含心理成分，因为它们毕竟也表现为思想和行为的方式；而是说，群体意识的状态与个体意识的状态具有完全不同的本质，它是另一种方式的表现。群体的精神并非个体的精神，它有其自身的法则。这两类科学因此是清晰区别开的，即便它们二者之间有可能会存在某些关联，这也只是因为它们先期就是截然分开的。

基于这一点，还值得进一步做出区分，这或许会给争论带来一些曙光。

社会生活的**质料**（matière）不能由纯粹的心理学方面的因素来解释，这就是说，不能由个体意识状态的东西来解释，在我们看来这是再清楚不过的了。实际上，群体表现（représentations collectives）所传达的，是群体在处于其与影响它的那些对象的关系之下时，群体的思维方式。但群体与个体的构建方式不同，群体与影响了它的那些物也不同。表达着不同主体和不同对象的这些群体表现，因此也不会依据相同的原因而行。如要理解社会自我表现的方式和社会周遭的世界，就需要考虑社会的本质而不是构成它的个体的本质。社会对自己所设想出来的符号随社会的改变而变。比如说，如果社会现在用一种动物来为自己命名，那么社会就形成了我们称作氏族的那种独特的群体。当这里的动物被某个神话化了的人类祖先所替换之时，氏族的本质就改变了。如果社会在地方神或家庭神之上，又想象出其他的它认为可以用来保护它的神，这是因为组成社会的地方群体和家庭正在倾向于集中和统一，而由宗教神殿所体现出的统一程度与同时期社会所达到的统一程度是一致的。如果社会谴责某些行为方式，这是因为这些方式导致了社会的基础情感上的降温，而这些情感恰好有利于社会的构建，这就像是个体与其物理温度和精神组织之间的关系一样。因此，即便对我们来说个体心理学不再存在什么秘密，个体心理学也还是不能向我们提供此类问题的任何答案，因为这些问题所面对的是个体心理学所不知道的事实序列。

但是，一旦这种异质性被承认，我们就可以去思考，既然个体表现和群体表现看起来彼此相似又都是某种表现，难道它们的相似性不意味着它们二者的运行之中存有相同的抽象法则吗？神话、民间传说、各种类型的宗教观念、道德信仰等等，这些都表现出一种不同于个体实在的实在，但会不会这种实在与个体实在是按照相同的方式来产生吸引、排斥、聚合、分离等效果的呢？会不会表现只与表现的一般质量相关，而不与表现的具体内容相关呢？这些不同的表现虽然是由不同的质料所形成，却都处在由诸如感受、联想或其他的个体观念所带来的相互关系之中。比如，人们难道不会去想，无论所表现的具体的东西是什么，难道这些相关与相似、对照与逻辑对立不是以相同的方式展开的吗？因此，我认为或许存在这么一种可能性：在个体心理学和社会学之间有可能存在一种属于共有地带的纯粹是形式性的心理学。这或许可以印证一些人对明确区分这两类科学所心存的顾虑。

严格来说，在我们当下所处的认识阶段，对于此类问题只能给出范畴上的解决。实际上，一方面，我们对个体意识在组合方式上的所知仅仅停留在过于宽泛和模糊的若干论断上，以至于我们只将其称作一些"概念丛意义上的法则"（lois de l'association des idées）。至于群体观念方面的法则，至今这些还都是未知的。致力于此的社会心理学还几乎只停留在一个对这些种类的最普遍性进行指称的用词上而已，它还只是多变且不精确的，因此也没有明确的对象。必须要做的因此就是去通过对比神话、传说、民间传统、语言来找寻社会表现所具有的方式，它们通过这些方式得以显现或消失，得以相互混合或彼此区别，等等。如果说这个问题值得引起研究者的关注，那么我要说，人们也确实快要关注到这个问题了。在找到这些法则中的某几条之前，很明显我们根本就无法弄清楚，这些法则是否与个体心理学上的法则相一致。

但是，虽然尚无法确知，但并非绝无可能的是，即便在这两类法则之间存在相似性，也不能忽视它们之间的差异。实际上，说表现中的质料并不会作用于它们相互结合的方式上，这样的看法看起来是错误的。确实，心理学家有时会谈到概念丛意义上的法则，就好像这个意义上的法则对于所有的个体表现类型来说都同样有效一样。但情况并非如此，想象在彼此之间并不作为感受而组合，概念在彼此之间也并不作为想象而组合。如果心理学得到进一步的发展的话，那么它就无疑会看到，精神状态的每一范畴都有其专门的形式法则。如果情况真是这样的话，那么我们就更应该要预料到，与社会思想相关的法则是作为这种思想其自身而独特存在的。事实上，即便人们对这类事实序列接触得不多，也很难感受不到其独特性。实际上不就是它才让我们感到，宗教观念（居于群体观念之首）相互结合或分离，或彼此相互转化的状况是如此之怪异，其方式又是如此之独特吗？它催生了与我们的个人思想的通常产物如此相悖的那些矛盾的组合。因此可以预期，如果关于社会精神的一些法则确实与心理学家确立出来的那些法则相一致，那也不是简单意味着前者是后者的特定情况；而是意味着在它们之间，在无疑具有重要性的那些区别之外，还存在着一些可以由抽象过程来把握的相似性，而我们对这些相似性也尚一无所知。这就意味着，社会学在任何情况下都不能纯粹和简单地照搬心理学的这个或那个论断，来运用到这样或那样的社会事实之上。群体思维就其整体来说，无论对于其形式还是对于其质料，都必须被"作为它自身、为了它自身"来研究，要时刻感到它的特殊性，还需要为未来的研究留出余地，来弄清它与个体思维的相似性是建立在哪些方式上面的。这里所展现出来的更像是一个有关社会事实之科学研究的普遍哲学或抽象逻辑学上的问题了。[3]

三

我还要对在本书第一章中给社会事实下的定义进行一些补充。我们把从行为方式或思维方式上符合下面这种特殊性的东西定义成社会事实：它敏于将一种群体影响作用于个体意识之上。——由此，就出现了一个误解，对此值得多说几句。

人们是如此习惯于将哲学思维所得出的形式运用到社会学之物之上，以至于认为我之前的定义只是某种关于社会事实的哲学而已。有人说，我通过强制来解释社会现象，这与塔尔德先生通过模仿来解释社会现象是类似的。我绝无此雄心，甚至完全没有想到会有人认为我有此类雄心，更何况这与我的整个方法是对立的。我们所建议的并不是要用哲学眼光去预期什么关于科学的结论，而仅仅是指出可以从什么样的外部信号去认识那些必须由科学来处理的事实，以便让学者就其所是而对其进行把握，而不是将其与别的东西混同起来。这就要求尽可能确定研究的场域，而不是完全从直观出发。因此，我们十分诚恳地接受下面这种批评：我们的定义没有完全揭示有关社会事实的所有特征，因此并不成为有关社会事实的唯一定义。实际上，社会事实的特征可以用各种不同的方式来揭示，对此没有什么不可理解的；因为并没有什么理由支撑社会事实只能有一个明显的特征这一论断。[4] 关键的是要去选择尽可能符合我们规定的目标的那些特征。有时候甚至有可能根据情况同时选择若干指标。在我们看来，在社会学上这有时甚至是非常必要的，因为存在这样的情况，其中强制这一特征并不容易被识别。由于我们在此所说的是关于基本定义的问题，那么需要做的，就是让我们致力于寻找的特征可以直接显现，并在研究之前就被我们所感知。但人们对于社会事实所采用的与我相对的那些定义，往往就不符合这个条件了。比如，有人指出，社会事实是"所有在社会中并且由社会所产生的东西"，或者说社会是"以某种方式关乎群体或影响群体的那些东西"。但只有在相关科学已然足够发展之后，我们才能知道社会是不是某个事实的原因，又或某个事实是否产生了什么社会效果。上述这类定义因此并不能用来确定在研究甫一开始时调查应该涵盖哪些对象。要使这些定义能够被利用，就要求有关社会事实的研究已然较为发达，这就要求我们去发现别的什么方法，用以预先就对存在于那里的社会事实有所认识。

有人认为我们的定义过于狭窄了，但同时也有人指责我们的定义过于宽泛，以至于几乎包含了所有的实在。他们认为，实际上所有的物理场景对于受其影响的存在物来说都施加着一种约束，这是因为这些存在从某种角度来说必然适应着环境。——但是，在这两种强制方式之间存在着根本的不同，以至于物理场景和道德场景完全无法相提并论。由一个或多个"体"施加于其他"体"甚或其他精神上的压力，与群体意识施加于其成员的意识上的压力，这二者完全不可混同。社会强制的特殊之处正在于此，它并非因为分子间严格的排列而形成，而是因为某些表现本身所带来的权威性。诚然，就习惯而言，无论是个体的习惯还是遗传的习惯，从某个角度上说也带有这个特征。它们支配着我们，左右着我们的信仰和实践。只是，这些习惯是在内部支配着我们，因为它们全部都是内在于我们之中的。相反，社会信仰和社会实践则从外部作用于我们：这一些人或那一些人所从事的东西所带来的影响也从根本上说彼此完全不同。

此外，如果别的一些以不同形式而发动的自然现象表现出与我们用来定义社会现象的特征相似的特征，那也完全不用惊讶。这种相似性完全来自这样的原因：它们都是实在的物。所有的实在之物都有这么一个特征：它作用于其自身，即便我们试图消减这种作用，它也不会被完全克服。对于这一点，我们需要考虑到。这才是社会强制这个概念的根本意义所在。之所以这么说，是因为社会强制的施行是采用群体行动或群体思考的方式，这有一种外在于个体的实在性，而个体必须每时每刻都顺应这种实在性。它们因此是有其独特存在的物。个体面前它们是已然形成了的，个体不能让它们变成这样或那样，它们只能是它们自己的模样；因此，个体必须按照其所是来考虑它们，而很难（我并没有说完全不可能）去改变它们，它们参与了社会施加于其成员之上的物质和道德的至高（suprématie）层面的构成。个体无疑在这种社会的发生过程中扮演着某种角色。但社会事实一旦成型，就需要若干个体的行动至少是相互缠绕在一起的才行，而这种混合带来了新的东西。由于这种综合发生在我们每个人之外（因为参与进来的是多个意识），它就必然以某种行动方式产生了外在于我们的稳定和制度效果，从而在一旁产生了不依靠个体意志的别的判断依据。如我们此前所言[5]，有这样一个词，只需要把它的日常词义稍微扩大一点，就能够很好地表达这层特别的意思了：这就是制度一词。实际上，在不改变其意义的情况下，我们可以将所有由群体带来的信仰和构建方式称作**制度**，社会学因此可以被定义为：关于制度及其发生和运行的科学。[6]

对于这本著作所带来的其他争议，我认为无需再去回答更多了，因为剩下的这些质疑没有触碰到问题的核心。方法上的总体导向并不取决于人们或用来划分社会类型或用来区别常态和病态的那些偏好的方式。此外，这些质疑之所以会产生，往往是因为人们拒绝承认或拒绝完全承认我们的基础原则设置：这就是社会事实的客观实在性。因此，最终一切都要坐落在并归结在这一原则之上。这也是为什么我认为有必要将其从所有的次级问题中单独提取出来去强调。并且我们确信，我们向这一原则赋予优先性，正是在忠实于社会学传统，这是因为从根本上说，社会学正是源出自这个原则。实际上，只有当人们认识到社会现象虽非物质却确实是作为研究的实在之物而存在于那里之时，社会学这门科学才有可能真正产生。为了能够明确知道社会学要研究什么，必须先期明确所要研究之物是以什么确定的方法存在的，明确它之所以长存的那种方式，它不依靠个体的抽象就存在的那种本质，以及它们之间形成的那种必然关联。因此，社会学的历史无非是为了使这种意识更加明确、深入和发展的所有努力的结果汇总。虽然已经取得了长足的发展，但我们在本著作接下来还会看到，依然存在着各种遗留的人类学中心主义（anthropocentrique）的预设，这些预设时不时成为科学上的拦路虎。人们一方面不愿意去否认长期以来形成的那种自认为可以支配社会秩序的无上能力；另一方面又意识到，确实存在着群体性的力量，人们必然只能遵从于它而无法对其进行更改。这才促使人们故意不去承认它。无数经验告诉我们，正是在这种洋洋自得中所形成的无所不能的幻象造成了人的持续衰弱。只有在承认物具有其自身的本质之时，只有在物被当作其自身来把握之时，人对于物的真正的统治才能真正开始。上述褊狭的成见已在被科学的各个门类所猎杀，但它还顽固地存在于社会学之中。将我们的这门科学从这种褊狭的成见中解救出来，没有什么比这更为紧要的了，这也就是我们所有的努力的主要目的。

注释

1. 我们看到，要承认这个论断，不需要认为社会生活是由所展现出来的那些表现之外的什么别的物来构成的。只需要指出，无论是个体还是群体的表现都只有通过客观地被研究这一个方式才能被科学地研究。

2. 这个命题本身仅具有部分的正确性。除了个体之外，社会还包含其他一些内融于其中的物。应该说个体人只是社会所仅有的具有能动性的因素。

3. 在这里不需赘述的，是从这个观点出发，对于事实的从外部而行的研究具有哪些必要性。这些必要性是十分明显的，因为这些事实在我们之外发生，我们对其甚至并未产生那种模糊的感觉，来让意识在我们内部激起什么内在现象。

4. 我们所说的社会事实的强制力并非社会事实的全部，它还可能表现出相反的特征。之所以这么说，是因为当制度作用于我们之上时，我们顺从于制度；在这种情况下制度要求着我们，我们也喜爱着制度；制度约束着我们，我们却从其运行和对我们的强制中获益。这种二律背反的状况就是道学家经常指出的道德生活中的善和义务这两个概念，但还有现实上的不同。但带给我们这种双重行动的并不是群体实践本身，而这种双重行动也只是看起来是矛盾的。如果说我们没有从这种同时既是利己又是不利己的特殊状况去定义群体实践，这仅仅是因为，这种特殊状况并不是由轻易可观察到的外部信号本身所带来的。所谓善与所谓义务相比，存有一些更为内在、更为隐秘、更不易把握的东西。

5. V. art. «Sociologie» de la *Grande Encyclopédie*, par MM. Fauconnet et Mauss.

6. 虽然信仰和社会现实是从外部植入我们的，也不能因此说我们是完全被动的，无法对其进行调整。通过对群体性的制度进行思考，我们吸收它们，将它们个体化，并且将其打上或多或少的个人烙印；我们中的每个人正是在感受这个世界的过程中添加上我们自己的色彩，对于同一个物理环境，不同的主体以完全不同的方式融入其中。这就是为什么从某个角度上说，我们每个人都拥有**我的**道德、**我的**宗教、**我的**技术。这并不意味着彼此有些许个体差别的一种社会顺应主义（conformisme social）。这也并非不意味着，可调整的变化是非常有限的。在宗教和道德现象中，可调整的变化要么是不存在的要么是非常微小的，以至于变化就意味着犯罪。但是在经济生活中，相应的可调整的变化则是有较大余地的。但即便在经济生活中，迟早也会遇到无法逾越的界限。

概　述

　　直至目前，社会学家并没有将注意力放在寻找和界定用以对社会事实进行研究的方法上。出于这种状况，在斯宾塞先生的所有著作中，方法论问题都没有任何地位，他的题目颇具诱导性的《社会科学概论》*（*Introduction à la Science Sociale*）致力于指出社会学所面临的困境及其可行性，而没有揭示社会学需要采取什么样的程序。而密尔确实长时间关注这些问题[1]，但他也只是对孔德早已经提过的东西用他自己的辩证法进行了筛选，而没有实质上带上什么属于他自己的东西。题名为《实证哲学教程》（*Cours de Philisophie Positive*）的那

---

*　即斯宾塞的《社会学研究》，这里的名称是按照涂尔干在正文中提到的法文译出的。——译者注

一章基本上就成了唯一与我们在本书中所面对的那些内容相似的原创而重要的研究。[2] 这种对方法问题没有思考的状况并不让人意外。实际上，我们所提的这几位伟大的社会学家基本上都没有走出关于社会本质的最普遍性的思考，这包括社会运行与生物运行的关系、进步的普遍方式，等等。即便是斯宾塞先生在体量上最为浩繁的社会学学说也只立足于对一个对象的研究，这就是指出作用在社会之上的普遍演进法则是什么。但他认为，要处理这些哲学问题，并不需要有专门和复杂的程序。人们因此自满于对演绎和归纳进行对比，并从中选取自认为是好的方式，去对最普遍化的资源进行简要调查，以此来支撑所谓的社会学考察。但是，在对事实进行观察时应采取什么措施，要以什么方式来提出社会学的主要问题，研究要以什么为导向，研究能够得出的是什么样的特殊实践，论证需由哪些准则来支配，这些还都是未定的。

环境上的巨大机遇使我可以很早就投身于社会科学的研究，并以此作为我的职业。这其中，使我受惠最大的就是波尔多大学文学院开设了长期的社会学课程。这让我们可以从那些过于宽泛的问题中走出来，去研究一系列特定问题。因此，我们被物本身的力量所驱动，去制定出一系列更为精确的方法，请相信我，这些方法更为精确地符合社会现象的独特本质。我们在本书中提供给大家讨论的，正是全部这些来自我们的实践的结果。无疑，在我近期出版的《社会工作分工论》(*La Division du Travail Social*)中已经隐含了一些这方面的内容。但是，我们还是认为，将之汇总并重新整理，辅以要么来自该书，要么来自其他我尚未出版的手稿中的一些例证，这种做法是有益的。这样，人们就能更好地评价我试图给社会学研究所规定的导向了。

注释

1. *Système de Logique*, I. VI, chap. VII—XII.
2. V. 2ᵉ éd., pp. 294—336.

第一章
什么是社会事实?

在开始对适用于研究社会事实的方法进行探寻之前，首先要做的，是弄明白我们所说的社会事实指的是什么。

由于人们此前并不是在精确辨析的意义上使用这个术语，所以解决这个问题就显得非常必要。我们过去往往使用这个词来指代几乎所有这一类现象：只要它发生在社会内部，并以含有某种总体性的方式来表征着任何一点社会利益。但这么一来，可以说就没有和人相关的事情不能被称为"社会的"了。每个个体都喝水、睡觉、吃饭、思考，而社会与这些功能的正常运转都有关系。因此，如果说这些事实都是社会的，那么社会学就没有自己专属的研究对象了，并且它的研究领域也与生物学和心理学的研究领域相混淆了。

但是，事实上，在所有社会中都有这样一类现象，它们所含有的特征并不由其他那些自然科学门类所研究。

当我尽作为兄弟、伴侣或公民的责任时，当我履行自己订立的契约时，我完成了一些义务，而这些义务是在我和我的行为之外，却又在法律和风俗之内的。即便这些义务与我自己的情感一致，并且我内在地认同它们的现实性，这也不意味着它们就不是客观的；因为它们不是由我创造出来的，而是我通过教育去习得的。更何况，我们往往并不知晓落在我们身上的义务的细节，要去了解细节的话，我们必须去查阅法典或请教权威者的释义！同理，诸如宗教生活上的信仰和实践，对于信徒来说，这些东西从他出生时就已经都完备了；如果说这些都早于信徒的出生，那么就意味着它们在信徒之外存在。自我用来表达他的思想的符号系统、自我在偿还债务时所使用的货币系统、自我在商业往来中所使用的信托工具、自我的职业所包含的实践规则，等等，这些都独立于自我本人对其的使用而运转着。如果我们一个一个地考察组成社会的所有成员，那么，在某个人身上发生的事情完全可以在每一个人身上再现。此类行动、思考和感觉的方式就表征着那种外在于个体意识的独特属性。

此类构建或思维不仅外在于个体，还带有指令和强制的力量，通过这种力量，它们作用于个体，而不管个体是否愿意接受。无疑，当自我心甘情愿时，这种强制不被或不怎么被感受到，因此是不直接发挥作用的。*但是这时的强制并不就此不再成为这些事实的内在属性，如要证明的话，自我一想反抗，就能感受到它们的存在了。如果我想违犯法律，法律就作用于我，如果及时的话，法律会制止我的行为；如果是已完成但可纠正的，法律会取消我的行为或通过它自己的标准化形式来进行重建；如果是无可纠正的，法律会对我进行相应的惩罚。这纯粹是道德层面的准则吗？所谓公共意识包括的是所有由监督来完成的行为，这些监督作用在公民的举止上，并自带一些特殊的惩罚。但在另外一些情

---

* 原文为无用，inutil。但是，应将这个词放在作者的使用语境中理解而不只是作词义上的对应。涂尔干在这里指的显然不是，当自我认同时外力的强制性就无效或消失了，而是指外力的强制性"不以强制的方式发挥作用了"。因此，考虑到意义上的连贯，这里翻译为不直接发挥作用。——译者注

况下，刚性制约没有那么暴力，这时公共意识也并不存在。如果我不遵从通行的习俗，比如，我不按照我所在的国家或我所属的阶级的通常习惯去穿衣打扮，那么我所引起的嘲笑和人们对我的远离，无论有多细微，都会造成与惩罚等效的后果。还有一些强制虽不直接但并不因此就消减其效力。我并没有义务要与同胞讲法语，也并没有义务要使用法定货币，但除了这么做之外，现实中并无别的可能。如果我非要逃避这种必然性，那么我的企图注定要悲惨地失败。如果我是一个工厂主，没什么会禁止我用过时的方式来经营；但如果我这么做，我注定要破产。而即便自我真的摆脱并违背这些规则而获得成功，这也并不意味着自我必然反对着这些规则。即便这些规则最终被自我战胜，自我从对其的抵御中也充分感到了它们的那种具有强制性的力量。即便是最幸运的革新者也不会在自己的进取中不遇到这类阻碍。

因此，就有了这样一类事实，它们表征了非常独特的属性：它们由行动、思考和感受的方式构成，却又外在于个体，它们包含了一种强制性力量，经由这种力量，它们作用在个体之上。由此，不能把它们与有机体现象相混同，这是因为它们由表现*（représentation）和行动构成；也不能把它们和心理现象相混同，因为心理现象只存在于个体意识中并依靠个体意识而存在。它们因此构成了一个新的类，只有这个类才能被赋予和含有**所谓社会的**（social）这个意思。这样的称谓是适当的，因为很明显，由于不以个体人作为基质，就只有社会能作为其基质，要么是在整体而言的政治社会意义上，要么是组成社会的个别团体，诸如教派、政治派别、文学派别、职业团体，等等。此外，也只有这个称谓是合适的，因为只有在单纯用来指称不被囊括入其他已存和已有指称的范畴的现象时，所谓"社会的"这个词才会具有明确的意思。于是这些事实就成为社会学的独特领域。当然，我们所使用的刚性制约（contrainte）一词会造成那些拥护彻底的个体主义的人的恐慌。由于他们坚信个体是完全自主的，所以似乎我们就彻底颠覆了他们的信仰，这是因为我们让他们感到，并非一切都取决于个体自己。但既然如今已无法否认，我们的大多数观点和取向并不是由我们自己生成，而是外来的，那么它们

---

* 所谓表现，侧重的是"可观察到的"现象之意。——译者注

就只有"作用于我们"这一种使我们接受它们的方式；这就是我们的定义的全部意思。此外，我们也都明白，所谓社会刚性并非必然意味着排斥个体的人格特征。[1]

但是，由于我们刚才所举的例子（法律准则、道德准则、宗教律令、金融系统，等等）都由已然确立的信仰和实践所构成，人们有可能据此认为，只有先有明确的组织，才会有社会事实。另一些事实却揭示出，即便不存在这样的结构化的形式，也会存在同样作用于个体的客观对象，这就是被我们称为社会潮流的那些东西。在集会中，由热忱、愤慨、怜悯等引起的群众运动并不具有个体意识上的来源。它们来自我们每个人的外部，不管我们是否愿意，都会受到它们的感染。无疑也会出现这样的情况：自我无条件地投身进去，这时自我就不会对任何这样的作用于自我的外力有感觉。但是一旦自我试图反对它们，对外力的感觉就表现出来了。一旦个体试图与这些群体表现相抗衡，这些情感就会围绕在他周围来对抗他。那么，如果这样的外在强制力在抵抗的情况中如此清晰地表现出来，这就必然意味着在相反的状况下，无论人们是否意识到它们，它们也是存在着的。我们因此受困于一种错觉，它让我们相信，那些作用在我们之上的外在之物是我们借由自己而实现的。但是，即便我们对所遭受到的压力百依百顺，这也只是掩盖而不是消除了这些压力。这就像我们感受不到空气的重量，但这并不意味着空气不可称重一样。同样，当我们自发地去投身于某种群体的情感之时，我们所感受到的东西与我们独自一人时所感受到的东西也不一样。而一旦集会结束，此类社会影响停止作用于我们，我们又回到独自一人的状态，我们才会感到刚才左右了自己的那种情感是如此的陌生，我们已不再完全认同它们。我们也因此才能察觉出，我们是受它们的左右，而不是产生了它们。有时，当这类情感违反了我们的本性时，它甚至是可怖的。比如，个体大多数时候是不具有攻击性的，但当他们结成了群氓，就有可能施行狂暴的行为。我们所说的这种经历性的（passagère）爆发也同样会发生在与观点有关的运动中，无论是以整个社会为范围还是以相对局限的圈层，如宗教、政治、文学、艺术等领域，为范围，它都以持续的方式不断作用在我们周围。

　　此外，我们还能经由一个特殊的经验来确认关于社会事实的这个定义，只需要观察一下儿童的成长方式即可。无论古今，我们会发现，所有的教育都在于将所见、所感和所行的方式灌输给儿童，这些东西不会自动在儿童身上实现。从生命之初开始，我们就强制儿童饮食、定时睡眠，而后强制儿童养成卫生、安静和服从的习惯；再之后，我们强制儿童尊重他人、遵从习惯和礼俗，强制儿童学会劳动，等等。如果说假以时日，这些强制不再被感受到，这时是因为强制逐渐地形成了习惯，形成了内在的取向，强制本身便不直接发挥作用了，但之所以不再发挥作用，正是因为这些强制已然完成了引导。斯宾塞先生认为，一种理性的教育应该反对这种做法并让儿童在完全自由的状态下成长，这并不错；但是他的这种教育理论从来不曾由任何已知的人群所实现，因而它只能是个人的**愿望**（desideratum），因而不能成为与上述事实相左的事实情况。使得上述事实特别具有意义的，正在于教育的目的就是为了培养"社会的存在"（l'être social）；因此，我们就能够从中大致看到在历史上这样的存在是如何构建的。儿童每时每刻所受到的这种压力正是社会环境的压力，社会环境以自己的想象打磨着儿童，而父母或教师只是其代理和中介而已。

因此，社会学的现象并不由其普遍性来表征。并不能认为所有存在于独特意识中的思想或由所有个体所施行的行动就是社会事实。如果我们用这样的特征属性来进行界定，我们就把社会事实错误地与被称为"社会事实的个体具身（incarnation）"相混淆了。构成社会事实的是团体用群体方式实行的信仰、趋势和实践；至于表现出群体状态而同时反映到个体身上的那些形式，则是另一种类别的东西。[2] 最能够说明这两种范畴的根本差异的是，事实的这两种序列往往是以分离状态存在的。实际上，通过不断重复，一些行动和思考的方式获得了一种沉淀后的坚固性，可以说，这样的坚固性使得它与反映了它的那些特定事件相分离。[3] 这样的行为或思想方式由此获得了一个"体"，一个专属于它们自身的可感知形式，并构成了一种**独具一格（sui generis）**[*]的实在，这样的实在与表现着它的那些个体的事实截然不同。群体性的习惯不仅仅以一种内在的状态存在于群体习惯所决定了的连续行为中，通过我们在生物界找不到先例的一种特质，它还或以口口相传，或以教育转化，或以书

---

[*] 涂尔干的著名概念 sui generis 来自历史悠久的本体论下的范畴识别观念。所谓 sui generis 就是自己占据一个范畴，不附属于其他范畴的意思。——译者注

写来固定等不同的方式永久地流传。这些也就是法律和道德准则、民间格言和谚语、浓缩了宗教或政治派别的信仰的那些律令文本，以及代表了文学流派的品味风格，等等。这些东西并不总是存在于每一个特定情况对其的运用之中，因为即便现在没有被运用到，它们也还是存在的。[4]

当然，这种分离状态并不总是清晰的。但是，只要它以无可置疑的方式存在于我们前述众多重要的情形之下，我们就足以证明，社会事实是区别于对社会事实的个体感知的。此外，当这种分离不能通过观察来直接获取时，我们往往可以借助某些人为的方法来实现对它的获取；而且，如果我们希望排除杂质而在纯粹状态下对社会事实进行观察，这样的人为方法也是必不可少的。[5]比如，一些思潮在不同实践和不同国家中，以程度不一的强度作用于我们，去促使人们结婚或自杀又或导致较高的生育率，等等。这些显然就是社会事实。[6]乍看起来，它们似乎与特定的个别情况中的形式密不可分。但是，统计向我们提供了将之与特定情况相分离的手段。它们实际上是由出生率、结婚率、自杀率，也即我们通过用年结婚数、出生数量、志愿死亡数量去除以适婚人口总量、适育人口总量和达到相应自杀年龄的人口总量等所精确地表达出来的。[7]由于这些数字中的每一个都无差别地囊括了所有的特定情况，个体情况中时不时会出现的对现象的影响就相互抵消了，从而也就不对数字造成影响。这样的数字所表征的就只是群体性的心灵的某种状态。

这就是排除了一切异质成分的社会现象。[8]至于这些社会现象在个体身上的表现，它们当然也是一些"社会的"东西，因为它们部分地再现了那个群体的模型；但是，这些"社会的"东西同时又在很大程度上依靠个体的生理-心理构建以及个体所处在的特定环境而存在。它们因此又不是纯粹的社会学上的现象。它们同时遵从两种制约；我们可将它们称为社会-心理的。社会学家虽然对这些也感兴趣，但这些却不直接构成社会学的质料。类似地，有机体内包含具有混合本质的现象，而它们是如生物化学这样的交叉学科的研究对象。

---

* 在这里，涂尔干使用的说法是志愿死亡（des morts volontaires），而不是单纯的自杀（suicide）。在涂尔干本人处，这更多只是一种修辞上的对应，但是其他一些学者确实指出了这里的问题，我们通过统计数据掌握的只是"愿意自杀并且成功"的人数，而非"有自杀意愿"的人数。——译者注

但是有人会说,一个现象如果不是社会全体成员所共有,或至少是大多数成员所具有的,它就不可能成为群体的,也就是说,它必须是普遍的。这是毫无疑问的,但是它之所以是普遍的,正是因为它是群体的(也就是说或多或少是强制的),而不是说,因为它是普遍的所以它才是群体的。这是一种团体状态,这种状态在个体身上重复,因为它作用到个体身上。正是因为它存在于整体之中,所以它才存在于每一个体之中,而不能认为正因为它存在于每一个体中,所以它才存在于整体之中。在这方面表现得最为明显的,就是我们的祖先以既成事实传递给我们的信仰和实践;我们接收并吸纳它们,这是因为它们既是群体性的杰作,又是累世的创造,它们带有一种特殊的权威性,我们所受的教育让我们去认同和尊敬它们。诚然,绝大多数社会现象都是通过这样的途径作用到我们身上的。但是,即便社会事实部分地需要我们的直接参与,它也不会因此具有其他的本质。集会上爆发出来的群体情感并不只是在表达所有这些个体的情感所共享的那些东西。如我们前述的那样,它是另外一种东西。它是共同生活所造就的,是在个体意识的相互碰撞之间的那些行动和反应的产物;如果说它能够反射回每个个体上去，那是因为它在其群体来源上具有了某种特别的能量。如果大家都有共鸣，这不是因为在人们之间有自发和预先存在的和谐；这是因为同一个力量让人们朝向同一个方向。每个人都被全体所限定。

因此，我们就对社会学这个领域有了一个方式上明确的限定。它只研究现象的一个特定类别。社会事实确认了它作用或可能作用于个体上的那种外部强制力量；而这种力量的在场返回来要么确认存在着某种具有决定性的惩罚力量，要么确认存在着对个体的抵御，而个体正试图打破它。然而，只要我们如前面的论述所示注意到它的第二个基本特点，即，它独立于个体形式而存在，却又通过个体形式来传播，我们就还能够通过它在团体内部的扩散来界定它。[9] 在某些情况下，这后一种标准相较于前一种更便于应用。实际上，当刚性制约被社会的一些直接反应，比如法律、道德、信仰、习惯、风俗等，外在地表现时，这样的制约更易被观察到。但当它是"间接的"之时，比如经济组织中的那种状况，它就不总是那么容易被察觉。因此，与客观性相结合的普遍性才更容易确立。此外，这第二种定义只是第一种定义的另一种形式，因为如果存在于个体意识之外的某种构建方式想要变得普遍的话，它就只有通过强加于个体这种方式。[10]

然而，我们还需考虑这个定义是否全面。实际上，我们建立定义的基础全部都坐落在行事方式（manière de faire）这个层面的事实上，它们都是生理学序列上的。而除此之外还存在群体性的"存在方式"，也即，解剖学或形态学序列上的社会事实。社会学不能对与群体性生活的基质相关的那些东西漠不关心。然而，组成社会的那些散碎因素的数量和本质、它们的结合方式、它们能够达到的融合程度、领土上人口的分布、路线交通的数量和本质、居住的形式，等等，这些初看起来又不能简单归结为行动、感知或思考方式。

但是首先，这些不同的现象也都表现出了我们用来定义其他现象时的那种特征。这些现象的存在方式与我们前述的行事方式一样，都是作用于个体之上的。实际上，如果一个社会在政治上被划分成若干部分，而各部分之间又或多或少充分地融合，由它们去组成了社会，那么我们要了解这个社会，就不能通过对物质质料的检视或对地理的观察而实现；因为虽然它们带有物质本质的若干属性，但是这种划分是在道德意义上进行的。只有通过对公法的研究才能够研究这类组织，因为就如公法决定了我们的家庭关系和公民关系那样，也正是公法决定了这些政治组织。那么就不能说这类组织不是强制性的。如果人们聚居于城里而不是散布于乡间，这是因为存在有一种思潮，一种群体性的推动力量作用于个体，使得人们完成此类集中。我们对于自己的房屋形式的选择并不比我们对穿衣的选择来得更多，或至少可以说，它们两者所受到的强制是类似的。路线交通用一种强制方式决定了国内移民与贸易的方向，甚至还有移民与贸易的强度，等等。作为其结果，我们只需要对我前面界定出的社会事实诸现象列表再加上一个新的种类即可，而且，列举在任何严肃意义上都无法穷尽，因此对列表的增补也不是必不可少的。

再者，此类增补也没什么用*，因为这些存在方式只是已然稳定的行事方式而已。某社会的政治结构只是组

---

* 涂尔干在上一段最末指出需要对列表进行增补，这里又说增补没有什么用。他的意思是指，并不能因列表尚未完善而否认列表所进行分类的真实性。因此，他才说增补是必要的。但同时，他又认为增补只是使列表更为全面，而并不涉及列表的实质，所以才说增补"没什么用"。——译者注

成它的各部分之间形成习惯了的生活方式而已。如果它们之间的关系在传统上是紧密的，则各部分倾向于彼此混合；否则，则倾向于彼此区分。作用于我们的居住类型，只是围绕在我们周围的人们以及人们的祖先所习得的建造房屋的方式。路线交通则只是商旅和移民往同一个方向行进而常走的那条路，等等。无疑，如果这些现象仅仅是在形态学序列上是固定的，我们可以认为它们构成了一个特殊的类别。但是，一项法律法规并不只是在持久性上可以比拟建筑，而首要是因为它还是一项生理学意义上的事实。道德律令本身当然较为脆弱；但是它具有比职业规定或时尚流行严格得多的形式。还有一系列散碎的细小差别，它们将具有最独特结构的事实与尚未被任何定义所规定的社会生活的最自由的潮流联系到一起。因此在它们之间只有表现出来的定型程度上的差异。它们都是或多或少结晶化（cristallisée）了的生活。无疑，对于关涉了社会基质的社会事实来说，保留形态学这一用词是有益的，但其前提是不要忘记，它们与其他社会事实具有同样的本质。因此，下述定义可以包含所有对象：**无论固定与否，所有行事方式都是社会事实，它们以外部刚性制约的方式作用到个体之上；并**

且，社会事实伴随着给定社会的展开而变得普遍，但社会事实是一个独立的存在，不取决于个体表现而存在。[11]

注释

1. 这并不是说，所有的刚性约束都是正常的。我在后面还会谈到这一点。

2. "如果我们用这样的特征……则是另一种类别的东西"又作"由重复本身来构成社会事实的状况很少，社会实施往往存在于使社会事实得以实现的那些特定情况之外。每个社会事实都由要么是一种信仰，要么是一种趋势，要么是一种实践来构成，这些都被某个团体以集体的方式来实行，而这完全区别于可以反映到个体上面的那些形式。"（*Revue Philosophique*, tome XXXVII, janvier à juin 1894, p. 470.）

3. "反映了它"又作"每时每刻它所具身于"，*R. P.*, p. 470。

4 最后一句话，"这些东西并不总是存在于……它们也还是存在的"这一句话不存在于最初的版本中。

5. "而且，如果我们希望……也是必不可少的"这一句话不存在于最初的版本中。

6. "这些显然就是社会事实"这一句话不存在于最初的版本中。

7. 人们既不是以同样的强度在不同年龄都自杀，也不是以相同的自杀强度分布于不同年龄段。

8. "排除了一切异质成分的"不存在于最初的版本中。

9. "然而，只要……在团体内部的扩散来界定它"又作"我们还能这样界定它：它是总体上在团体内部扩散，却又独立于个体表达而存在的一种思考或行动方式"。（*R. P.* p. 472.）

10. 我们可以看到，社会事实这个定义与塔尔德先生为了建立它的精巧体系而使用的定义有多大差别。首先，我们必须申明的是，我们的研究没有观察到任何如塔尔德先生所说的那种"模仿促生了群体性事实"的主导影响。并且，上面塔尔德先生的定义不是一种理论而只是对观察的直接数据的一个简单汇总,从这个定义似乎可以看到,模仿不仅不总是,而且往往不能表达社会事实的根本因素与核心特征。无疑,所有的社会事实都被模仿,如我们所指出的那样,它有一个自我普遍化的趋势,但是这是因为它是社会的,即,它是强制的。它所具有的扩展的力量并不是它社会学特征的原因,而是其结果。再者,如果社会事实自身足以导致这样的结果,那么模仿即便不能完全用于表达社会事实,也至少有助于对社会事实进行界定。但一个可以造成折射的个体状态并不就是个体的存在。(所谓可以折射即指其他个体人对这个个体人的模仿——译者注)。而且我们还要考虑,是否模仿一词可以用来指称由强制性的影响带来的那种传播。在模仿这个单一说法中,我们混淆了太多不同的现象,而这些现象需要被甄别。

11. 具体生命与结构以及组织与功能之间的紧密关系可以轻易地在社会学中确立,因为在这两极之间,存在着一连串可被直接观察到的中介,这些中介指出了两者之间的联系。生物学就没有这种资源。但可以认为,在这个主题上,社会学所使用的归纳法也可以被用于生物学,诸有机体与诸社会的状况类似,在这两种事实序列之间只有程度上的差异。

第二章
与观察社会事实相关的准则

首要和最根本的准则就是，**将社会事实当作物来考察。**

一

当有关诸现象的一个新的序列 * 成为科学的对象之时，这些现象就已然被思想所关照，而关照它们的不只是感性想象，还包括在很大程度上形式化了的概念。在物理学和化学的第一批基本概念产生之前，人们早就已经具有了超越纯然感觉的关于物理-化学现象的观念，

---

* 这里指的就是关于诸现象的所谓"社会的"这个序列。——译者注

比如那些混合在所有宗教中出现的观念。这意味着，实际上思考是先于科学的，而科学只是在方法上更足备。人无法处于事物之中生活却不对它们怀有观念，正是通过这些观念，人才规定了自身的塑成。只是，由于这些观念距离我们比它们所表征的现实更近，我们才自然地用这些观念来代替现实，直至把观念作为我们思辨的材料。相较于观察、描述和比较那些物，我们更喜欢考虑、分析和综合我们自己的观点。无疑，这类分析并不必然意味着排斥观察。我们可以用回溯到事实的方式来确认观念并从中获得结论。但是这时的事实只在第二位的意义上介入，它们只是作为例子或论证的证据；它们不再是科学的对象。这样的科学是从观点及于物，而不是从物及于观点。

很明显，这样的方法无法获得客观的结果。实际上，此类观念或概念，无论我们管它叫什么名字，都不能作为对物的适当替代而存在。它们产生于庸常（vulgaire）的经验，其首要目的是使我们的行动与我们所处的世界相协调；它们由实践形成，同时又以实践为目的而形成。然而此类表达方式完全可能既扮演有用的角色又在理论上是错误的。哥白尼[1]在几个世纪以前就已经清除了人们关于天体运行的错误观念；然而我们还是会按照这些错误的观念来安排我们的时间。要使某种概念对应于由事物的本质所引起的运动，并不需要概念忠实地反映本质；而只需要概念能够让我们去感受到事物的用处或危害就行了，物通过这些东西对我们造成或是有利或是有害的影响。同样，如此形成的观念只是以一种近似的方式，并在一个所涉及情况的基本面上向我们提供它在实践上的准确性。它们往往是如此的危险和失当！因此，无论我们使用何种手段，对概念的考察都永远不能让我们发现有关实在的法则。相反，观念就像是蒙在事物上面的一层纱，我们越是认为这层纱是透明的，就越看不清事物本身。

这样的科学不只是被锯断了的木头而已，它还完全无法获得赖以生存的养料。它出生即死，可以说变成了某种诡计（art）一样的东西。实际上，由于人们将观念与实际相混淆，所以观念就被错误当成是包含了实际的全部本质。于是，这些观念看起来就被我们赋予了不仅是理解实然，还包括预言应然以及预言关于其实现方式的所有东西。由于顺应事物的本质是正确的，是好的；它的相反面就是坏的，实现前者而避免后者的方式源出自同样的本质。如果是这样，那我们直接就能得出，对现实实在的研究不应出于实践旨趣，而如果这样的旨趣是研究的存在理由，那么这样的研究也就不再有目标了。如按照这种情况，我们的思考就会离开科学的对象，即当下和过去，而跳跃到未来。这样的思考不是为了理解已成和实际的事实，而是立刻变成了去实现些什么新的东西来满足人们的目的。当人们如此这般地自以为知晓了质料的本质之时，人们只是去寻找点金之石而已。*如此这种诡计对科学的僭越阻碍了科学的发展，而促使人们进行科学思考的环境却同时有利于这种僭越的形成。这是因为，科学只是为了满足生活上的必需才产生的，因此科学自然地以实践作为自己的导向。需要由科学解决的那些需求总是急迫的，而必须解决的意愿也是急迫的；这些需求想要的不是解释，而是药方。

这样的方法手段十分符合我们精神的自然倾向，以至于在关涉物理的诸科学门类的来源中就能找到这样的

---

* 这里的寻找点金之石指的就是炼金术在中世纪流行的点石成金观念。其中，一些术士撰出点金石这个东西，通过它的接触，一般的物质就变成金质的。因此点金石又引申为关键因素。但涂尔干所处的时代经历着自然科学的进步，点金石已经被普遍认为是基于炼金术——某种错误的化学——而出现的错误概念。在这里，比喻因此指向"像点金石那样错误的观念"之意。——译者注

方法手段。正是它使得炼金术从化学中分离出来，使得星相学从天文学中分离出来。*它也正是培根与之战斗的那个方法，由培根那个时代的其他学者所遵循。我们至此描述的这种观念，就是**庸常观念**（notiones vulgares）或说**预断观念**（prænotiones）2，这类观念是一切科学的落脚点3，但在这些科学中，这类观念取代了事实的地位。4 这些都是**假象**（idola），它们歪曲了事物的真实面貌在我们心中的样子，使我们将它们当作了事物本身。而正是因为心灵对这些纯然的想象场景没有任何抵御能力，我们才不觉得受到任何阻碍，以至于我们觉得自己可以随心所欲地发挥野心，认为自己可以仅仅按照欲望并通过自己的力量来构建或重建世界。

如果说对于自然科学情况都是这样，那么对于社会学来说情形就更是如此了。人们没有等到社会科学创生了才去形成关于法律、道德、家庭、国家和社会本身的观点；因为这样的话人就没办法存活了。然而，正是在社会学中，这些预断观念（按照培根的说法）取代了事

---

* 这里显然指的不是炼金术从化学中分离出来，天文学从星相学中分离出来的科学史过程。而是指，由于错误地采取了诡计式的以观念为指导的方法，在科学上谬误的炼金术和星相学从化学和天文学这些科学中脱离出来。——译者注

物本身而成为支配精神的东西。实际上，所谓社会之物
只会经由人们来自我实现；它们是人类活动的产物。因
此，在一些人眼中，它们看上去就无非是我们关于自身
的无论是先天的（innée）还是后天的观点的实施，以及
这些观点在伴有不同人际联系的场景中的应用。家庭、
契约、刑罚、国家、社会，这些组织看起来也就是我们
关于社会、国家、法制等的观点的发展。因此，这些事
实及其他类似的事实看起来除了"在观念中"和"通过
观念"就不可能有其他实在，观念成了胚胎，并且变成
社会学的独属质料。

　　之所以会有这样的错误看法，是因为各个方面的社
会生活的细节溢出了意识，意识没有足够强大的感知力
去感受如此之多的现实。由于无法建立稳固且直接的联
系，所以社会生活的这些细节总是轻易让我们觉得它们
是悬浮不定的，成为半真半假、似有还无的构造。这就
是为什么有那么多的思想家将社会组织看成是人为的，
且或多或少是任意的组合。但是，即便我们没有抓住这
些细节，即便我们没有抓住那些具体而独特的形式，至
少我们能在一个粗略的程度上去展现那些群体性存在的
最为总体的方面，而正是这些图示化了的且具有总体性

的展示构建了我们在日常生活中使用的那些预断观念。我们因此不能质疑预断观念的存在，因为我们在感受到我们自己的存在时也就感受到了它们。这不仅是因为这些预断观念及于我们自身，还因为它们是重复性的经验的产物，它们依靠重复和导致了它们的习惯而生，这时重复本身就成了一种上升和权威。当我们试图摆脱预断观念时，就能感受到它们的存在。而我们不能不将反对着我们的那些东西看作是实在的。所有这些都促使我们将其看作是真正的社会实在。

实际上，迄今为止，社会学*所研究的都不是物，而是观念。诚然，孔德宣称社会现象是自然的事实†，遵从着自然法则。由此他不言而喻地获得它们作为物的属性；因为只有物会存在于自然中。但是，伴随着脱离了这种哲学上的普遍性，当孔德试图应用这些原则并从中得出作为这些原则之内容的科学时，成为他研究对象的还是观念。实际上，他的社会学的主要议题是人性在时

---

* 这里的社会学显然指的是涂尔干之前的社会学。——译者注
† 这里指的是属性上为"自然的"，而不是指以自然为对象的。或说，对于孔德来说，社会也是一种自然之物。——译者注

间中的进步。从这个观念出发，人这个类属获得了一种持续的进化 *，这个进化在实现过程中塑造了越来越完备的人性，他所关注的问题则是寻找这种进化的秩序。然而，假使这种进化存在，也只有等到科学一劳永逸地塑造出这个秩序，现实才能被如此建立；那么我们就只能将这个秩序视作一种精神观念而不是物，否则我们就不能将其当作研究对象了。实际上，这是一种完全主观的表述，此类所谓人性的进步并不存在。存在着的，只能是通过观察所得到的数据，只能是被给定的诸社会的出生、发展和死亡，它们彼此之间毫无关联。此外，如果时间上更近的社会被认为总是继起的，那么每个更高等级的社会就可被认为是低等级的社会的重复再加上一点东西；那么我们就可以将这些社会首尾相连，将处于同一发展水平的社会相互混合，如此形成的链条就可被当作是对人性的表征。但事实并非表现得如此简单。一群人对另一群人的取代并不仅仅是后者的延伸再加上一些

---

* évolution 就其词义来说应该被翻译成演化而不是进化。区别在于，演化仅表达了逐渐变化的模态，而不预设演化的方向，这也正是达尔文在《物种起源》中的本意。但是斯宾塞对这个词的使用和本书中涂尔干对斯宾塞的引用，却恰好是在社会达尔文主义，而不完全是《物种起源》中的达尔文的意义上的。基于这样的原因，本译本还是使用进化这个译法，以更好地表达作者对斯宾塞的引用的全部意思。——译者注

新的特征；他们是完全不同的人，在一些属性上更多，在另一些属性上更少，新的人群形成了一种新的个体性*，而所有这些个体性彼此区分，它们彼此之间是异质的，也不能被含混成一个延续的序列，尤其是，它不能被视作是唯一的序列。诸社会之间的承继并不能被看作是几何学上的线性的，它看起来更像是一个树形图，每个枝权指向不同的方向。总之，孔德关于历史发展的观念是他自造的，并且这个观念与庸常观念区别不大。实际上，从远观之，历史很容易被看成是这样线性的和简单的。我们这时看到的只有无数个体前后相继地走在同一个方向上，因为他们具有相同的本性。而且，由于这时的所谓社会进化被认为无非就是在观念意义上的人的发展，那么就很自然地会通过人所具有的观念来定义社会的演化。然而如此一来，我们不仅停留在意识形态的层面上，而且我们向社会学提供的对象就只能是概念，但这些概念完全不是社会学上的。

斯宾塞先生倒是远离了人性这个概念，但为的是用

---

* 这里的个体性并不指个体人的特征，而是作为一个整体的某一被给定社会的特征。多少可以认为，在这里，涂尔干将社会类比成了个体人。——译者注

基于同样方法的其他概念来取代它。科学对象成了诸社会而非人性，只是，当他给诸社会下定义的时候，物的属性消失了，他还是拿自己的预断观念取代了物。他将"只有加上了人们的相互合作，一个社会在其展开中才能成为现实"作为一个具有明证性的论断提出，那么就只有通过个体间的联合，社会才有可能存在。[5] 由于从这个原则出发，协作就成了社会生活的本质，斯宾塞于是将诸社会按照其在协作方面的特征分成了两种，而正是在协作方面的特征决定了社会。"一种是自发的协作，它在追求个人目的的过程中展开，但没有预先的规定；另一种则是有意识地组织起来的协作，它假设存在着被认可的清晰的公共利益目的。"[6] 对于第一种，他将其称为工业社会；对于第二种，他称为军事社会，我们可以认为，这种划分是其社会学思想的基础。

但是这个基本定义只是将精神的某一种看法当作了物。实际上，由于在科学的起步点上就被当作定理而提出，这个定义就以为自己是关于可见事实的直观表达，并认为仅通过观察就能够实现。但是，仅仅通过检视是无法知道，协作是否就是社会生活的全部的。只有先去考察群体性存在的表现，而后再去证实这些都只是协作的不同形式，我们才能够认为如此的断言在科学意义上是适当的。因此，这也还只是某些关于社会现实的想法，而不是这个现实本身。[7] 被定义的因此不是社会，而是斯宾塞先生自己的看法。如果说他没有一丝犹豫就做此定义，这是因为社会对他来说只能是观点的实现，即，他用来定义社会的这种协作观点的实现。[8] 不难看出，在处理每一个特定的问题时，他所采用的方式都是相同的。那么，看起来他是在经验地推进研究，但由于他的社会学中的事实只是被用来佐证他的概念分析而不是被用来描述和解释那些物，这些事实看起来就最多只是勾画了讨论的轮廓而已。实际上，他的学说中所有实质性的东西都可以从他给社会下的定义以及不同形式的协作上推断出来。因为如果我们只能在一个专横地强加于我们的协作和另一个自发而自由的协作之间进行选择的话，很明显后者是更好的，人性倾向也必定偏向于后者。

并不是只有在科学的基础处才能遇到这些庸常理论，我们在论证的脉络中也时时能够看到它们。在我们现有的知识水平上，我们不能确定国家、主权、政治自由、民主、社会主义、共产主义等词的明确意涵，合适的方法因此就是在这些概念被科学地构建起来之前，先不要使用这些概念。然而这些用词实际上却不停地出现在社会学家们的讨论中。我们是如此经常和如此确定地使用这些词，就好像它们对应了众所周知且明确界定的物一样，而实际上它们只是给我们带来了一些含混的概念、对大致印象的本能混淆、成见以及情绪而已。我们今天嘲笑中世纪医生们的那些热、冷、湿、干等的怪异论证，我们却没有意识到，我们也在将同样的方法运用在现象秩序上面，而我们研究的这些现象由于其极端复杂性，比其他现象更不适宜于这类方法。

在社会学的一些特定分支里，这种意识形态化的特征更为成问题。

首先就是在和道德相关的情况中。实际上，我们可以认为，没有任何一个体系不把道德看作如下：它代表了一种初始观念的发展，这种初始观念以强力完全包含着道德的内容。* 如此的初始观念，一些人认为是从人类

---

* 涂尔干的这个定义较为拗口。实际上他主张却没有明确表述出的是区分道德现象和道德实质。因此，作为道德现象的就是"一些初始观念的发展"，而这些观念在依靠强力推行的同时（这只是方式），包含了人类有关道德实质的那些内容。举个例子，忠或孝"以强力完全包含了道德内容"，但它们在某给定社会的表现形式，如"君要臣死，臣不得不死"或"必须完成相应的请安仪式"则都只是"一些初始观念的发展"。——译者注

初生时期起就围绕在人身上的，另一些人则相反，认为是在历史过程中或慢或快地形成的。但是，无论是前者还是后者，无论是经验主义者还是理性主义者，都认为这样的观念是在道德的层面上现实存在的。至于法律和道德准则方面的细节，则可以说并不是自主的存在，而是这种根本观念在生活的特定场景上的应用，且因此而视情况存有差异。那么，道德的对象就不能是不含实在的箴言系统，而应该是箴言按其运行的那些观念，而箴言则只是这些基础观念的不同应用。同样，日常伦理规范所提出的问题也与这些基础观念相关，但不是及于物意义上的，而是及于观念意义上的；需要弄明白的，则是由什么基础观念构成了法律观念、道德观念，而不是要弄明白道德和法律观念本身。道学家们还没有弄清楚这么个简单的道理，即，我们对于可感知物的表达是源自这些物自身的，表述也或多或少是准确的，那么我们关于道德的表述同样源出自在我们眼皮底下发挥作用的那些准则，道德使这些准则图示化地展开；其结果就是，构成了科学上的质料的，不是我们所怀有的粗浅看法，而是这些准则本身，这就像物理学的对象是作为其自身而存在的实体，而不是关于这些实体的庸常看法一样。而道学家们只是以道德的最高点作为道德的基础，所谓最高点也即道德延伸到个体意识中并造成的回荡。这种方式并不只在科学的最普遍问题上被使用，它也存在于各种特殊的问题之中。从开始研究的一些最根本观念，道学家很快就转向诸如家庭、政党、责任、仁爱、公正等次要观念，但他们的思想还总是萦绕在那些最根本观念周围。

在政治经济学上情况也没有不同。按照密尔（Stuart Mill）的说法，政治经济学是为了研究那些主要或专门以获取财富为目的而产生出来的社会事实的。[9]但是，如要使被这样定义的事实能被清晰界定为学者观察过程中的物，至少需要我们有可能去指出，这些事实是由于满足了什么条件的标记而被区分的。但在研究之初，我们甚至都没有办法去肯定这样的标记是存在的，就更不要提我们那时就知道标记到底是什么了。实际上，在整个研究序列上，只有当对于事实的解释已足够先进，才能够确立这些事实是否有一个走向上的目标，或指出目标是什么。没有什么是比这更复杂或更不可能一蹴而就的问题的了。那么就没有什么能够预先保证，在社会行动的某个方面中，对于财富的欲望会扮演这种具决定性的角色。如此一来，政治经济学的质料也就不是触手可及的那种实在，而只是纯粹的精神观念给出的一种可能；就是说，经济学家所说的事实参考着某种目标而被**孕育**，这才因此包含了这些目标。比如，经济学家是如何对所谓生产进行研究的呢？他一口气列出生产得以发生的主要动因并对这些动因进行考察。换句话说，他并没有通过考察他所研究之物是按照哪些条件存在的而对其进行确认，如若那样的话，他就必须从导致了结论的那些经验开始。而如果说在研究的一开始他就以简要的话做出过此种分类的话，那也只是通过简单的逻辑分析而完成的。他从有关生产的观念开始，伴随着对这个观念的拆解，他发现这个观念在逻辑上与自然力、劳动、工具或资本等相关，然后他又用同样的方式去研究这些派生观念。[10]

在所有经济理论中最根本的是关于价值的理论，而价值理论也基本上是用这种方式建立起来的。如果价值确实是被作为一种实在来研究的，我们会看到，经济学家首先应指出这个名称指的是什么，然后确定其类属，然后参照着类别上的不同用完备的归纳法去解释导致它变化的原因，最后比较不同结果，来揭示出一个普遍程式。这样的话，理论的建立就只能等到科学发展到一个更远的地步。然而经济学家不是这样做的，理论从最开始就被提出了。为此，经济学家们醉心于自我想象，自己想出某物是含有价值（即可以成为交换物）这样的观念；他认为价值与效用、稀缺性等观念相关，而他的定义也是通过这些他自己分析的产物才能够确立。他无疑会找几个例子来肯定自己的结论。但这样的理论理应可以关照到无尽的事实，想到这一点，我们又怎么能够承认，经济学家们使用的如此不常见和偶然的事例会具有什么论证价值呢？

如同在道德研究中一样，政治经济学中可被认为是科学探究的部分是很有局限的，而诡计成分则占优势地位。在道德研究中，理论部分被还原成关于义务、善和权利等概念的讨论。并且这些抽象的思辨也没有在严格意义上构成科学，因为它们并不致力于揭示德性（moralité）的最高准则是什么，而只是致力于规定德性应该是什么。同样，占据了经济学家们的研究的最主要部分，是知晓诸如社会是否**应该**按照个体主义者的观念而组织起来，抑或**应该**按照社会主义者*的观念组织起

---

* 涂尔干这里所说的社会主义者并不是政治学上通常使用的意义，从词义上，它类似我们今天说的集体主义者。——译者注

来；是否国家**更该**干预工业和商业关系抑或**更该**将其完全留给私人领域；是否货币体系**必须**采取单本位制，抑或**必须**采取双本位制，等等，这些问题。在这里，真正的法则是不多的，即便通常被我们叫作法则的那些东西也总体上配不上如此的称谓，它们只是行动的规矩或是伪装成法则的实践箴言而已。比如，著名的供求关系法则就是如此。它从来不是作为对经济实在的表述而被归纳地建立起来的。从来就没有经验和完备的比较来支持如下观点：经济关系**在事实**上就是遵循这种法则建立起来的。人们能够做的和人们已经做了的，都辩证地证明，个体如要获利就必须如此行事，而其他的方式都会使自己受害，并且因其他人对法则的遵守使自己的行为相较之下显得荒诞。生产效率最高的企业是人们最喜欢的；需求最大的产品最有销路，最稀缺的商品售价最高，这些都是合乎逻辑的。但是这些符合逻辑的必然性与表征了真正的自然法则的东西之间没有相似性。后者所揭示的是事实得以相互联系的实际关系，而不是事实相互联系时的某种优化方式。

我们关于供求法则所作的论述也可以被用于其他那些被正统经济学流派当作是"自然的"的法则，这些法

则只不过是对于供求法则在特定状况的运用而已。如果
我们愿意的话，我们也能管它们叫作"自然的"，这是
因为为了达到某个特定目标而使用的方式是，或者看上
去是，自然的；但如果我们说的自然法则指的是自然存
在所具有的，可被归纳地观察到的东西，那么它们就不
能被称作"自然的"。它们总体上说只是实践智慧所给
出的建议，如果说它们或多或少能够反映现实，那是因
为，无论对错，我们都认为可以假定如下状况：大多数
人在大多数情况下都遵从着这些建议。

但是，社会现象是物，并且应作为物被看待。指明
这一论断不需要对其本质进行哲学化探讨，也不需要去
对比它们和其他现象在细节上的异同。只需要观察到，
它们是由社会学家所提供的独特的**数据**（datum）*就行
了。实际上，既然是物，它就是被给定的，是被给予或
说作用于观察之上的。将现象作为物来考察，这就意味
着将现象看作是构成了科学上的出发点的数据（data）。
社会现象无可争辩地呈现出这种特征。作为事实被给予

---

* datum 和后面的 data 都是数据的意思，datum 为单数形式，data 为复
  数形式。——译者注

我们的，不是被人赋予了价值的人的观念，因为这样的观念是难以把握的：而是在经济关系之中，现实通过交换而得以实现的价值。也并不是这样或那样的有关道德理想的观念，而是现实决定了人之构建的那些准则的集合。也并不是关于效用或财富的观念，而是经济组织的全部细节。确实也有可能将社会生活看成是某些观念的发展，但是，伴随着如此假定，这些观念也就立刻不再是论据了。我们因此不能直接获取它们，而是通过表现了它们的那些现象实在去获取它们。社会生活建立在不同观点的交织上面，我们既无法**预先**（a priori）知晓某个观点在潮流上的来源，又无法**预先**知晓是否有这样的潮流来源，只有在回溯到来源之处的时候，我们才能知道它们来自何处。

因此就必须将社会现象在其自身上看待，要将其与表现着它们的含意识主体相剥离，就必须从外部将社会现象当作外物来研究，因为它们本来就是如此展现给我们的。如果说这样的外部性只是处于表面上的，那么伴随着科学的发展，幻象会逐渐消失，最终，我们可以说，看到了从外部之物深入从而变成为内部之物的过程。但结果是不能被预断的，即便最终它没有表现出物所具有的所有内在特征，我们在开始时也必须认为其会具有这样的特征。因此，这条准则作用于所有的社会实在，不会有任何例外。即便是看起来最像是人为安排的现象也必须被以这种视角审视。**永远不要去假定实践或制度的群俗特征** *。此外，如果我们被获准援引我们自身的个人经验，那么我们就会相信，通过这种方式我们必定仅仅满足于从最任意的事实表象上通过细致观察看到最具稳定性和规律性的特征，但这只是一种所谓客观性的症状上的显现而已。

此外，总体来说，上述关于社会事实的明显特征已经足以向我们保证它的客观性，并保证社会事实并非一种幻象。实际上，当人们确认某物不会简单地由意志的影响而改变时，就能原则上确认它是个物。这并不是说物是一成不变的，而是说仅靠意志是无法造成它的改变的，还需要或多或少的努力才能改变它，这是因为物总是在抵御着我们的意愿，并且我们也未必总能克服这些抵御。我们就看到，社会事实正好就具有这样的属性。

---

* 所谓群俗特征，指的是实践或制度中的社会成员出于他们沟通或其他行事的相互行动而造成的某种约定俗成。这显然与涂尔干的方法论观点相悖。但同时，社会学上，持此种看法的学者也大有人在。——译者注

它远不是我们意志的产物，它从外部规定着意志。它就好像是铸模一样，我们必然按照它的规定来塑造我们的行动。这种必然性还往往是我们无法逃避的。而且即便我们能够战胜这些制约，我们所遇到的阻力足以提示我们，我们所遇到的是一些不取决于我们自身的东西。因此，当我们说要把社会现象当作物来考察时，就意味着我们只能顺应它们的本质。

说到底，需要引入社会学中的改革跟最近三十年以来在心理学中开展的改革完全一样。孔德和斯宾塞先生承认社会事实是自然属性上的事实，却没有将它们当作物来看待；与之相似，诸经验学派长久以来也认同心理学现象的自然特征，却只是持续用纯粹属于意识形态的方法来对待它们。[11] 实际上，经验主义者与他们的理论对手一样，都无一例外地诉诸内省。[12] 但我们仅在自身之上就能够观察到的事实非常稀少、转瞬即逝且表现各异，以至于很难将它们对应到习惯所确定的那些观念上，也很难从这些观念上推断出法则。因此，当这些基于习惯的观念不受其他制约的控制，就再也没有什么能够对其进行限制了，这样一来，它们就取代了事实的地位[13] 并变成了科学研究的质料。无论是洛克还是孔狄亚克，都没有客观地研究心理现象。他们研究的不是感受，而是关于感受的某些观念。这就是为什么说，他们虽然为科学心理学*的诞生做了准备，但真正的科学心理学要在很久之后才诞生，科学心理学的诞生伴随着这样的观念：意识状态必须从外部被看待，而不是从证明了它们的意识本身来看待。这就是这一类研究中的伟大进展。这门科学上的所有特殊进展，所有丰富了这门科学的新方法，都只是更加全面地实现了这一根本观点的不同方法而已。这也正是社会学需要完成的进展。社会学必须超越主观层次而达到客观阶段，目前这种超越还远没有实现。

而社会学上的这种超越并没有在心理学上的超越那么复杂。实际上，心理事实自然地就是主体的状态，那么主体和观念看起来就不可分割。既然从定义上是来自内部的，我们看似就无法从外部去考察它们，这样做看似违反了它们的本质。需要的不仅仅是一种抽象的努力，而且还包括一整套工作和技法，才能顾及这种偏离。相反，社会事实更自然地且更直接地包含物的属

---

* 这里的科学心理学指的是科学的心理学，用以区别那些"不那么科学的"心理学。——译者注

性。存在于法典中的法律条文、存在于统计数据和历史
文物中的日常生活行动、习俗中的流行风尚、艺术作品
中的品味，等等，这些都在个体的意识之外，按照自己
的本性来构建，然后再作用于个体。因此就不需要去使
用什么巧智去扭曲它，才能在它们物的属性层面考察它
们。从这一点来说，社会学比心理学更具有优势，这种
优势迄今尚未被看到，但它终将促成社会学的发展。由
于社会学事实更为复杂，所以对其的阐释更为困难，但
这样的事实反而更容易被获取。而心理学则相反，它的
事实不仅不易被消化，而且不易被把握。其结果就是，
有理由相信，当社会学方法的这一原则被公认和实行的
那一天，社会学就会迎来巨大的发展，这样的发展是当
今这种发展所无法想象的，心理学只是在历史上先行一
步而已，它终将被社会学所赶超。[14]

二

但是前人的经验告诉我们，要保证上面确认出的这
些真理在实践上的实现，只有理论证明和深入的分析是
不够的。精神生性倾向于误识（méconnaître），以至于

只要我们不严格遵从原则，我们就不可避免地要回到老路上。关于需要遵从的原则，我们把它总结成如下的主要准则，以作为关于前述原则的推理上的定理。

1. 首要的推理就是：**必须系统地摆脱所有的预断观念**。无须对这条推理做专门论证，它是我们前面所有论述的结果。它还是所有科学方法的基础。笛卡尔的系统怀疑方法就其根本来说只是对它的一种运用。如果说笛卡尔在建立科学基础之时确认了"质疑此前所有观念"这一条法则，这是因为他只欢迎科学形成的观念，也即用他所确定的方法来构建出的观念，来源在他处的其他所有观念都应被排除，或至少是暂时性地排除。我们已经看到，培根有关假象的理论也是这个意思。这两种伟大的学说通常被认为是彼此对立的，但它们在这一根本立场上却存在共识。因此，在确定研究对象之时或在论证过程之中，社会学家都不应使用在科学之外形成的概念，或是本着非科学的需要而使用概念。社会学家应该从支配了庸常精神的那些明显错误中摆脱出来，他应该一劳永逸地摆脱经验范畴的枷锁，对庸常经验长期的上瘾只会最终导致独断专横。如果在一些状况下，必须要使用，也需要意识到它们是不具多大价值的，这样才能让它们在自己的学说中不扮演它不该扮演的角色。

　　社会学上对于这种解放的最大阻碍，就是情感的参与。实际上，我们对于政治、宗教信仰以及我们的道德实践都怀有巨大热忱，这与对于物理世界之物非常不同，因此，这种情绪特征影响着我们对这些层面的因素的获取和解释方式。这些观念与对象一样，都深深印在我们的心中，成为一种不容反抗的权威。所有和这些相左的看法都被界定为敌人。比如，一种有别于我们的爱国主义或个人尊严的观念难道不正是被如此看待吗？无论它建立在什么证据之上，都会被人们拒绝。我们不会去管它是不是真实，我们只会由于无法接受的目标而反对它，而激情也并不会通过我们轻易确定为"必定"的那些理由去做自我证明。这时这些观念获得了某种威望，以至于科学证明都成了对它的侮辱而不可忍受。只要对它们和它们表现出的现象进行冷静和严格的分析，就会冒犯到一些人的情绪。无论是谁，只要提议将道德作为外在实在来从外部研究，就会被他们认为是缺乏道德感的，这就像活体解剖学家在这些庸人看来是缺乏人性的一样。这些人不但不认为这些情感也属于科学的范畴[15]，反而认为对于与情感有关的事物做科学研究必须借助于这些情感。"可怜啊,"一个雄辩的宗教史学家写道,"可怜啊:在自己最无可阻挡的心灵最深处,在安息着他祖先灵魂的地方,那里有氤氲缭绕的无名神殿、有一行赞美诗,在那里孩童学着他的兄长向苍天发出的痛苦或胜利的吼声并立刻因之与别时别处的预言者产生了交汇,然而一个学者在研究上帝之事之前,却没有在心底植下有关上帝的观念!"[16]

　　无论怎样反对这种具有神秘倾向的学说都不过分,它跟所有的神秘主义一样,就其根本来说都只是伪装成经验主义而已,它是对所有科学的否定。面向社会之物的情感与其他情感相比没有什么优越,因为它们并不源出自什么别的来源。它们也是历史性地塑成的,也是人的经验的产物,只不过这是人的一些含混的、未经组合的经验。它们并不来自关于实在的一种"我也不知其由来"的超验预期,而是无秩序的、场景中偶然发生的、缺少完备阐释的那些情感表达的混合。它们不但没有向我们提供高于理性之光的启示,反而向我们呈现了一种确实强大但也是杂乱的状态。承认它们具有优先性的话,就等于认为低等级的物种相比高等级的物种具有更高的智力水平,这就陷入了演说家式的或多或少的诡辩。如此这般生成的科学只能满足爱好感觉而不是爱好知性的人，这种人更偏爱直接而含混不清的综合，而不是理智那耐心而启蒙的分析。情感式科学的对象，而不是判定什么是科学实在的标准。再说，没有哪种科学在它诞生之初不曾遇到类似的阻碍。和物理世界中的物有关的情感由于也曾经带有宗教和道德的特征，所以也曾经成为建立诸物理科学的阻碍力量。我们因此有理由认为，这种被诸科学门类一个接一个地清除的成见最终也会从它最后的避难所，即社会学中消失，学者们最终会获得一个自由的场所。

2. 但上述准则只是消极的。它只是指出，社会学家应该摆脱庸常观念的影响，来转向事实；但它没有说应该用什么方法来把握事实，才能实现一项客观的研究。

任何科学研究都面向一定的现象群组，而这些现象群组又回应了同一定义。社会学家的首要做法因此就是定义他所研究之物，来使人们和他自己明白什么才是研究要回应的问题。这也是所有证明和验证过程的首要且不可或缺的条件，实际上，我们只有认同一项理论所考察的事实，才能使这项理论变得可以控制。而且由于正是这里出现的定义去规定了[17]科学的对象，所以定义的生成方式也决定了这时的对象是不是"物"。

为了使定义是客观的，显然不能使定义按照精神观念的要求来表述现象，而是要使定义按照其内在属性来表达现象。定义必须表征现象的某种本质因素，而不是现象对于某种多少是观念性的概念的顺应。然而，在研究刚刚开始的阶段，由于事实尚未被任何考察所囊括，它们唯一能被获取的属性就是它们外在且可以直接观察到的属性。处在更深层次的属性无疑是更根本的，具有更高的解释上的价值，但它们在科学的这个阶段尚未被发现，也就无法被预期，除非我们拿某种精神观念去取代实在本身。因此，要从这些外在且直观的属性开始，来建立对于根本定义的研究。此外，很明显，这样的定义必须无例外且无差别地包括所有呈现出同样属性的现象，因为我们对于它们既没有挑选的理由也没有挑选的手段。这种属性因此就是我们关于现实所拥有的所有东西，作为其结果，它们完全决定了事实被组织起来的标准。我们没有任何手段哪怕部分地去阻断上述准则的实施效果。由此，我们得出如下准则：**由具有共性的外部特征所预先决定的一个现象组，除此之外研究不能有别的对象，而同一项研究必须包括所有按照**

同样定义展开的事物。比如，我们观察到存在这样一些行为，它们表征了这种外部属性，它一经完成就引出了社会所做出的那种独特的被我们称作惩罚的东西。我们把这些行为归为一个**独具一格**的群组，并给它加上一个共属类别，用犯罪这个名称来指称这些受惩罚的行为，并同时将研究这些被界定出的对象的独特科学称为犯罪学。同样，我们观察到，在所有已知社会的内部，都存在这样一种局部的社会，它可以从"主要由血亲组成"这样的外部信号来识别，而后其中的个体又由他们之间的法律联系来联结。我们从这个事实出发把这样的特定群体视作一类，并起了一个特定的名字，这就是家庭生活这个现象。我们将这种类别的总集称作家庭，并将如此定义下的家庭当成一类特别探讨的对象，即便这种特别探讨在社会学的命名系统中尚未被确定出专门的名字。之后，当我们从总体上的家庭过渡到对不同类型的家庭的研究时，我们也遵从同样的准则。例如，当我们研究氏族或母系家庭或父系家庭时，我们是按照同样的方法，来从定义对象开始。无论是普遍还是特殊，每个问题的对象都应遵循同样的原则而构建。

如此一来，社会学从其最初开始之时就立足于现实之中。实际上，对事实的划分方式并不取决于社会学家和他自己的精神的特异之处，而是取决于物的本质。决定其被归于这个或那个范畴的事实是可以被展示给任何人的，是可以被任何人了解的，并且每个观察者的确认过程也完全可以被其他人所监督。确实，如此构建的定义不总是，或说总体上不是与常识性的观念相一致的。例如，对于常识而言，像是自由思想或是违反礼仪这样的事实在大多数社会中是经常并且严格地被惩罚的，但是在这些社会中，它们也不会被当作是犯罪。同理，一个氏族在概念通常被接受的那个意义上并不是一个家庭。但这些并不重要，因为我们不是仅仅要去发现某种方法来确定日常语言所作用于的那个事实，和确定转译了这些事实的概念。需要做的，是构筑全新的概念，这样的概念适应科学的需要，并借由特定的术语体系被表达出来。无疑，庸常概念对于学者来说也不是完全无用的，它能起到指示的作用。通过庸常观念，我们可以知道，存在着一类现象，它们被整合在同一个用词之下，那么看起来它们就应该具有一致的属性；同样，由于庸常观念和现象之间永远不是完全无关的，有时候它能在一个粗疏的意义上向我们提示，我们的研究该往哪个方向去进行。但是，由于它是粗疏地构型的，那么它与科学概念并不完全一致就是很自然的事情了，科学概念是按需应运而生的。[18]

这条准则是如此的明显和重要，但至今的社会学却完全没有看到它。这是因为社会学讨论的是像家庭、财产、犯罪，等被我们不停强调为物的东西，它们如此的寻常，以至于看似社会学不再需要预先给出关于它们的严谨定义。我们是如此习惯于使用这些词，这些词反复出现在观察中，以至于确定我们在何种意思上使用它们看起来就成了多余的工作。我们就只是在常识概念上参考它们。但如此做法其实经常导致含混不清。这种含混是因为我们将实际上完全不同的一些物做了同一种解释并使用同一个称谓所造成的。相互纠缠的混淆错乱由此而生。比如，存在着两种一夫一妻制：一种是事实上的，另一种是法律上的。对前者来说，丈夫事实上只有一个妻子，而法律规定他可以有多个妻子；对后者来说，法律禁止他有多个妻子。事实上的一夫一妻在很多物种的动物身上都有，在一些低级社会中也有，它并不是偶发的，而是具有某种普遍性的，就好像它是被法则规定成这样的。当部族在一个广阔的幅员上扩散，社会层面的网状联系是很松散的，个体们较为孤立地生活着。这时，每个男子就自然地寻求得到一个妻子，只有一个，因为在那种隔绝的状况下，想要获得多个妻子是很难做到的。而与之相反，强制的一夫一妻只在较发达的社会中才能被观察到。关于婚姻关系的这两种不同社会类型因此具有完全不同的意义，但是却被用同一个词来指称。我们经常说某种动物也是一夫一妻制的，却完全没管对于动物来说没有什么东西是由法律的强制性来规定的。而斯宾塞先生在研究婚姻时就是在不仔细定义的情况下使用一夫一妻制这个词的，他使用的就是通常的那个不清晰的意义。这就使得在他那里婚姻的进化成了一种无法理解的反常，他认为在历史发展的最初阶段就看到了两性结合上的高等级形式，而这个高级形式在发展的中间阶段消失了，然后又再出现。他由此总结出这样的结论：在总体社会进步和有关家庭生活的完美类型的渐进演化之间没有规律性的联系。更精当的定义或许能避免这种错误。[19]

在其他一些研究中，人们也很在意对研究对象的定义，但是，它们并没有将具有相同外部属性的一类现象放进同一个定义中，而是在这些现象中进行筛选。人们从中选出若干特有的，并认为只有这些才能独享这些特征。至于其他现象，则被看作是对同样属性的僭越，从而不在考虑之中。但是很明显就能看出，这样做的方式只能得出主观的和偏差的观念。实际上，只有预先就存在着的成见，这种排除才有可能出现，因为在科学开始之时，即便假设着这种排除是可能的，但也没有任何研究使这种窃取成为现实。被这种筛选所选中的现象，只是因为它们比其他现象更为符合人们从实在中提取出的属于意识范畴的观念。例如，加罗法洛（Garofalo）先生在其《犯罪学》一书的开头就有力地指出，这门科学的出发点应该是"犯罪这一社会学概念"[20]。然而，他没有对不同社会类型中的所有被普遍实施的惩罚所表征的那些行为进行无差别的比较，而只是从中选取了一些，也即违反了道德感的那些平均而不变的部分。至于在进化中已经消失了的道德情感，在他看来，之所以会消失，是因为它们没有扎根在物的本质上。因此，那些因违反此类道德情感而被称作犯罪的行为，在他看来只能在偶然和多少是病理学语境上才能被真正认定成犯罪。但是他本人对对象的选取却受到完全是个人属性的道德感这个观念所左右的。从这个观念出发，他认为从来源甚至环境中得出的"道德进化"这个概念碾过所有的沉渣和杂质，并逐渐地排除这些杂质，直到如今，道德进化达到了这样一种高度，它排除了一切不利于这一过程的偶然因素。但是这一原则既不是明见的公理也不是被证实的定理，这只是一种假设，什么都没有证实。道德感的各个可变化部分扎根于物之本质的程度并不比那些不可变部分更少，那些可变部分的演变仅仅证明了这些可变部分的演变而已。在动物学上，低等物种的独特形式并不被认为会比反复出现在各种动物阶段上的形式来得更不那么自然。同理，原初社会中被认为是犯罪而在今天不被当作犯罪的行为，对那时的社会来说就是实实在在的犯罪行为，其性质与直到今天还被界定为犯罪的行为完全一样。前者对应了社会生活中变动了的条件，后者对应稳定的条件，但它们之间没有哪个比另一个更不真实。

再则，即便这些行为是被不当地认定成具有犯罪的特征，它们与真的犯罪行为也并非从根本上没有关系，因为一个现象的病态形式跟它的常态形式相比，并非具有了另一种本质，因此，就有必要把前者当作跟后者同样的类属来进行观察，这样才能确定其本质。疾病并不与健康相对，它们是同一类属的两种差异状态，它们相互完成确认。这条准则很长时间以来在生物学和心理学上都被承认及应用，但是社会学还没有正视它。除非承认一个现象一会儿是由某个原因造成，一会儿又由另一个原因造成，也就是说，除非否认因果律，那么以反常方式导致行为的原因（这也是犯罪所具有的明显特征）与以正常方式产生同样效果的行为在类属上并不会存在差异，它们之间只会有程度上的差异，或者造成差异的是它们在不同的背景之下运行。反常的犯罪因此也是犯罪，也被犯罪的定义所包含。这会导致什么？我们会发现，被加罗法洛先生当作类属的东西实际上只具有种上的细微差别或干脆只具有简单的个体上的差别。符合他的犯罪程式的因此只是这个概念应该包含的东西中的一小部分，因为他的定义既不包含宗教犯罪，又不包含违反礼仪、违反仪式和违反传统等的犯罪，而这些虽然在现代法典中消失了，却相反在之前的社会的所有法典里都存在。

一些观察者否认在野蛮人那里存在某种道德美德（moralité），这也是出于同样的方法错误。[21] 他们的出发点是这样的：只有我们的道德[*]才是道德，很明显的是，原初人群并不知道我们的道德，或者我们的道德只以一种初步形式存在。但这样的定义是武断的。采用我们的准则的话，一切都改变了。要确定一个律令是否属于道德范畴，我们要看它是不是道德实在的外显，这种

---

[*] la moralité 和 la morale 在现代中文中并不怎么相互区别。从词源上讲，la morale 来自拉丁语 moralis，指与风俗相关的东西；而 la moralité 指的是 la morale 中的那种本质（如果存在的话）。但同时，在法语的日常使用习惯中，含有 la moralité 的现象也被认为是符合 la morale 的，因此形容词的 moral（e）又模糊了这两个词之间似有还无的差异。诸如 amoral［反（某种特定）道德的，或非关道德的］和 immoral（不道德的）的使用上都存在类似的情况。这个问题在社会学或史学中格外造成困难。因为社会学要考察不同社会中的道德状况——至少这是涂尔干的一个核心主题——，而不同的道德是否存在稳定的作为德性的道德，答案很明显是否定的。史学中也会遇到类似的问题。因此，强调经验属性（与实践的联系，而不必定意味着实证主义取向）的社会科学诸学科往往会不言而喻地在"可观察或可言说的现象"意义上去使用 la morale 一词，而形而上学或伦理学中的一些流派则认为这两个词是等效的。在翻译上，其实应将 la morale 翻译成道德现象，即与道德有关的现象，但如此又造成通读上的累赘。本译本将 la morale 翻译成泛指意义上的道德，而将 la moralité 视语境翻译成道德实在或道德美德，用以区别这两个词之间的细微差别。举一个极端的例子，女性割礼不可能是符合某种道德实在的，但它却是在具体情境中被当作道德现象来作用于个体，那么，女性割礼就可以被认为与 la morale 并非无关，从而进入社会学的研究视野。另一点值得说明的是，涂尔干从物出发（而非从人的本性出发），因此他也区分了作为他那里物的属性的 la moralité 和作为对这种属性的表达的 la morale，但是与当今的一些社会学家诉诸现象学社会学的路径不同，涂尔干那里并没有现象学认识论的指向；而他对 la moralité 的安置与先验哲学家也是不同的。——译者注

外显信号表现为一种普遍存在的制裁，即公众舆论对违反律令的一致谴责。每当我们遇到具有如此特征的事实之时，我们都没有权利否认它作为道德而存在，因为这时的谴责正好证明，它与其他道德事实具有同样的本质。然而这类准则不光出现在低级社会中，在文明社会中它们的数量更多。当今被认为是由个体任意做决定的很多行为实际上都是强制性地作用于个体上的。我们于是可以看到，不下定义或下错误的定义会招致什么样的错误。

但有人会说，只从外在特征上去定义现象，这不会将优先权从根本属性转到了一些表面因素上了吗，这难道不是倒转了逻辑顺序，将事物本末倒置了吗？比如，当我们用惩罚来定义犯罪的时候，我们几乎无可避免地立刻招致了批评，说我们用惩罚这一概念替换了犯罪这一概念，或者是按照一种广为流传的表达，说我们要到断头台上去寻找受辱的原因，而不是到救赎中去寻找。但此类批评是建立在一种混淆之上的。我们刚才给出了定义的准则，而定义是在科学研究开始时给出的，那么它就不是用来揭示实在的本质的，而只是使我们在将来能够实现这一点。由于物只能被精神从外部获取，由于物只能由其外部特征来表征，所以它的唯一功能就是使我们可以建立与物的联系。但定义同样没有对物做出解释，它只是为我们关于物的解释提供了最初的一个必要作用点。诚然，并不是惩罚这一事实在因果上导致了犯罪这一事实，但正是惩罚这一事实从外部向我们揭示了犯罪这一事实，因此，如果我们想要把握犯罪这一事实，就必须从惩罚这一事实开始。

只有当外部特征同时也是偶然的之时，上述反对意见才能成立，就是说，只有外部特征不与根本属性相关时才能成立。在这种情况下，当科学指出这种不相关之后就无法再前进了，它无法继续下沉，降临到实在上，因为在表象与基础之间没有任何关系。但是，除非因果律原则是无稽之谈，否则具决定性的特征就会同样且无例外地按照某种秩序方式展现在所有的现象中，那么我们就能够确信，这些特征与现象的本质是紧密相联系的，并且联系的方式是稳固的。如果某一类行为与刑法展示出同样的特征，那么这是因为在惩罚和构成这些行为的类别之间存有一种紧密的联系。其结果就是，即使特征这时候是表象上的，只要对其进行完备的观察，学者也能够获得一条有关特征的途径，来直达物的最深处，而这些特征就是伴随着解释而不断延长的科学链条上的第一个也是最不可或缺的环节。

由于物的外在属性是通过感觉被给予我们的，因此我们可以总结说：为了做到客观，科学必须从感觉开始，而不能从排除了感觉的概念开始。正是从可感觉的材料上，科学才直接借用了它最初形成定义的那些因素。实际上，只要我们考虑一下科学成就是由什么构成的，我们就能理解，科学不能由别的方式进行。科学需要能够准确表达事物的概念，这些概念表达了事物之是其所是，而不是事物是否对获得它们的实践有效用。但在科学行为之外形成的那些概念不满足这一条件。因此必须新创一些概念，去远离日常概念和日常表达，科学要回溯到感觉，这是因为感觉是所有概念必要的第一质料。所有的普遍概念，无论是正确的还是错误的，科学的还是不科学的，都来自感觉。科学或思辨认识的出发点因此只能是庸常认识或实践。只是在之后，在这些常识质料被以不同方式对待时，区别才开始出现。

3. 但感觉很容易成为主观的。因此，在自然科学中，准则要求我们祛除感受性的数据，这些数据对于观察者来说有过于个人化的风险，这样才能排他性地获得一个充分的客观性。这也就是为什么物理学家用温度计和电表来代替它们对温度和电的模糊印象。社会学家也需同样谨慎。对研究对象进行定义的外部特征也需要尽可能是客观的。

我们可以得出这样的原则：社会事实越是摆脱表现着它们的个体事实，就越能被作为客观的呈现物来获取。[22]

实际上，伴随着对象的稳固，感觉会同样表现为"客观的"，因为所有客观性的条件就是存在着标准，而标准是恒定和统一的，表述会参考这些标准，从而祛除一切从主观出发造成的偏差。如果给出的标准点就是不断变化的、漂浮不定的，那么我们就无法形成任何一致的衡量，也就无法区分什么是取决于外部的，什么又是来自我们自身的。然而只要社会生活没有摆脱这些特定情况而变成孤立呈现着的，那么它就会带上这样的特征，这是因为具体情况不可能千篇一律，而社会生活又与这些具体情况无法分离，因此就带上了这种变动特性。因此社会生活是由自发的潮流构成[23]，这些自发的潮流永恒地处于变化之中，观察者的观察也无法总是落在它上面。这也就是说，学者不能从社会实在的这个方面去进行他的研究。但是我们也知道，虽然社会生活具有这种变动不居的特征，但是又同时倾向于结晶化。群体性的习惯除了激起个体行为之外，还以确定的形式自我呈现出来，包括法律准则、道德准则、民间格言、有关社会结构的事实，等等。由于这些形式以一种持久的方式存在着，而且并不随着对这些东西的不同运用而变化[24]，它们就构成了一个稳定的对象，一个可以提供给观察者的永恒的标准，它不会将自己的地位让渡给主观表述和属于个人的观察。法律准则就是它自己，从来不会变成拥有两种解读方式的东西。此外，这样的实践只是稳定下来的社会生活，除非有明确的反对指向[25]，否则通过它们来进行研究就是适当的。

因此，当社会学家试图开发有关社会事实的某种秩序时，他必须从社会事实摆脱了蕴含于其内的个体表现的那个侧面来考察这些社会事实。[26] 正是归功于这一原则，我们才能够对社会团结开展研究，社会团结包含了各种形式和演变，又通过表征了它的法律准则系统而表现出来。[27] 同样，如果我们试图通过旅行家和有时是历史学家提供给我们的那些文学描述来区分并界定不同的家庭类型的话，我们就会把不同种类的东西混到一起，甚或把相距甚远的东西当作是一类的。而相反，如果我们的界定开始于对家庭的法律定义，特别是继承法的定义，我们就有了一个客观的标准，这个标准或许不是不会犯错的，但至少情况要好很多。[28] 我们想对不同的犯罪类型进行分类时该怎么办呢？我们必须重建处于不同犯罪场景中的生活方式和职业习惯，组织展示出多少不同的形式，我们就有多少种不同的犯罪类型。而为了研究风俗、大众信仰，我们就要通过表现了这些的言语和格言去研究。无疑，伴随着如此做法，我们就暂时将群体性生活的具体质料排除在科学之外了，但是即便具体质料是如此的多变，我们也没有权利去因此预设着质料含有某种先验的不可理解性（inintelligibilité）。而如果我们想要遵循一个完备的路径，就必须将科学的根基扎在坚实的土地上，而不能扎在流沙上。必须从社会支配向科学研究提供了最多助力的面向出发去开展研究。只有这样才能在未来将研究推向更深入，而后再逐渐地、一点儿一点儿地锁定那些浮动的事实，而对这些浮动的事实，单凭人类的精神或许永远无法完全把握它们。

注释

1. "哥白尼"也作"伽利略"。(*R. P.*, p. 476.)

2. *Novum organum*, I, p. 26.

3. *Ibid.*, I, p. 17.

4. *Ibid.*, I, p. 36.

5. *Sociol.*, tr.fr. III, p. 331, 332.

6. *Ibid.*, I, p. 332.

7. 此外，这个观点也是有争议的。(参考，Division 读 Travail Social, II, p. 2. ⸹ 4。)

8. "没有社会就无法形成协作，这也是社会存在的目的。"(*Principes de Sociologie*, III, p. 332.)

9. *Système de Logique*, III, p. 496.

10. 经济学家的很多表述都具有这种特征。表述成了一连串关于观念的问题，有关效用的、有关储蓄的、有关投资的、有关消费的。(参考，Gide, *Principes d'économie Politique*, liv.III, chap. I, ⸹ 1; chap. II, ⸹ 1; chap. III, ⸹ 1。)

11. "却只是持续用纯粹属于意识形态的方法来对待它们"又作"宣称用诸物理科学的方法去研究它们。然而事实上，他们的所有工作却都流于纯粹的意识形态分析，这方面的状况并不比那些形而上学派更好。"(*R. P.*, p. 486.)

12. "都无一例外的诉诸内省"又作"他们也只是借助内省的方法"。(*R. P.*, p. 486.)

13. "表现各异的，……它们就取代了事实的地位"又作"为了控制这些由习惯形成又及于我们的观念。这些习惯不受制约，然后就被打扮成事实而及于我们"。(*R. P.*, p. 487.)

14. 确实，社会事实的极端复杂性使科学发展遇到了巨大的问题。但是，由于社会学是新兴学科，它也可以受惠于其他更底层的科学的发展而建立它自己的学派，这是一种补偿。学科的加速发展不能缺少这种对于已生成的经验的借用。

15. "认为这些情感也属于科学的范畴"又作"这些情感也受科学的控制"。(*R. P.*, p. 489.)

16. J. Darmesteter, *Les Prophètes d'Israël*, p. 9.

17. "由于正是这里出现的定义去规定了" 又作 "我们承认根本定义的重要性，因为它规定了"。(*R. P.*, p. 490.)

18. 我们在实践中总是从庸常概念和庸常用词出发的。我们要寻找，在这些词所含混表征的物之间是否存有具有共性的外部特征。如果有，那么建立在事实分类上的概念即便不是完全的（完全的情况很少），但至少是大部分地与庸常概念一致，那我们也可以继续用来自庸常概念的提法去指称这些关于事实分类的概念，并在科学表达中保留日常语言。但是，如果差异过大，如果常识概念将一些完全不同的概念混淆在一起了，那么发明新词和特殊称谓就是必要的。（这条注释在初版中不存在。）

19. 由于同样的定义缺失，人们有时认为民主同样出现在历史的最初时期和最终时期。事实是，原初的民主制度和当今的民主制彼此之间有巨大差别。

20. *Criminologie*, p. 2.

21. 参考，Lubbock, *Les Origines de la Civilisation*, chap. VIII。在更普遍的意义上，同样不是没有问题的，我们还会说，古代宗教是反道德的或不道德的。而它们只是有它们自己的道德。

22. "越是摆脱表现着它们的个体事实。" 又作 "越是稳固"。(*R. P.*, p. 497.)

23. "然而只要社会生活……自发的潮流" 又作 "然而社会生活在一种自由状态下是无尽变动和浮动的，它不是与特定现象相隔绝的，至少不是直接相隔绝的，它植入到特殊现象之中，而特殊现象一时与一时不同，一事与一事不同。这就是所谓的潮流"。(*R. P.*, p. 497.)

24. "而且并不随着对这些东西的不同运用而变化" 在最初版本中不存在。

25. 比如还需要承认，在一些给定的时刻，法律不再能够反映真正的社会关系，这时通过法律来研究就不再是适当的了。

26. "摆脱了蕴含于其内的个体表现" 又作 "表现了充分稳固的程度的"。(*R. P.*, p. 497.)

27. 参考，*Division du Travail Social*, 1. I。

28. 参考我们的《家庭社会学导论》, in *Annales de la Faculté des lettres de Bordeaux*, 1889。

第三章
与区分常态及病态相关的准则

按前述准则所开展的观察会混淆两种事实序列，而这两种序列从某些方面来看是非常不同的：一种是理应如是的存在，而另一种是理应别样的存在，也即常态的现象和病态的现象。我们前面看到，必须将这两种现象都包括到定义中，而后才能开始我们的研究。但是如此一来，它们又成了具有相同本质的东西，那么就无法按照它们的区别而构建出两种不同的事实。科学又是否有足够的方法来建立这种区分呢？

这个问题十分的重要，因为对这个问题的解决取决于科学（特别是关涉人的科学）在我们的观念中扮演什么样的角色。科学与我们期望着什么无关，如此一种理论在各种理论支派中都有支持者。事实对科学来说只具有相同的价值和相同的旨趣，科学观察和解释这些事实，但不评价它们，因此对科学来说，没有什么是需要谴责的。科学眼中无善恶。科学能够告诉我们原因如何产生了结果，而不是：必须要去寻求什么样的目标。要知道什么是被希望的，而不是什么是如是存在的，就要向前回溯，并诉诸情感、本能、生命冲动等姑且可被称为无意识的东西。前面提到的那位作者还说道，科学可以照亮世界，但同时它将黑暗留给了心灵，心灵只能依靠自己的光亮来照亮。因此，科学并不，或说并不怎么具备实践上的效用，因而也就没有很大的存在意义，因为如果我们获得的认识不能被用于生活，那么认清现实又能怎样呢？有人会说，科学在向我们给出现象的原因的同时，也向我们提供了现象如何被产生的手段，因此我们或许可以用这些去寻求由我们的意愿所给出的、超科学意义上的目的？但从某个方面来说，所有的方式本身就是目的，必定存在着如目标一样的意愿来尝试其实现过程，如此这般，方式才会实现。对于某给定目标来说，总是存在诸多实现途径，因此就必然要在它们之中进行选择。而如果科学无法帮助我们去选择一个最优的目标，它又如何能够帮我们选择一条实现目标的最优途径呢？科学为什么向我们推荐最快捷而不是最经济的参考呢，为什么是最保险的而不是最简单的，抑或相反？如果科学不能在更高的目标上给我们提供指引方向，那么它对于确定次级和低层级目标，也就是被我们称为方式的那些东西，就也是无能为力的。

确实，那些意识形态化的方法可以使我们避免这种神秘主义倾向，而避免神秘主义的意愿又部分地让我们去坚持这些方法。实际上，践行此类方法的人都是些过度的理性主义者，他们认为人的塑成并不需要由思考去指引，然而，他们又没有从脱离主观资料的，就其本身所是的那些现象中找到任何可以对现象的实践价值划分等级的东西。因此，似乎就只能用支配这些现象的概念来对现象进行评价；如此一来，采用对事实进行定位的观念而不是源出自事实的观念，就成为所有理性社会学的必需了。*但我们知道，如果说在这种条件下，实践成了思考，那么，这样的社会学就是不科学的。

我们提出的这个问题可以让我们在不陷入意识形态的情况下呼唤理性的权利。实际上，就如对于个体一

---

* 涂尔干往往采用一种论辩的说话方式，因此这里所谓理性社会学不是评价性的而是反讽性的。——译者注

样，对于社会来说，健康也是好的且被意愿着的，而相反病态是不好的东西，必须避免。因此，如果说我们能找到一个内在于事实的客观标准，以使我们可以科学地区分社会现象在不同序列上的健康和病态，那么科学就能在忠于它自己的方法这一前提下同时可以指导实践。无疑，科学还没有像了解个体人那样了解社会，因此科学目前只能向我们提供总体上的指导，只有通过感觉与特定现实建立直接联系之后，这种总体指导才能产生适当的差异化。科学能够定义出的健康水平不应与任何个体化的主体相一致，因为这个水平只有参照最普遍的情况才能被得出，而每个人相较于这个普遍情况多少都有出入，但这差不多仍是能够指引建构的一个标准。不能因为这个标准只有"在之后去对具体情况进行调整"的作用，就认为它不值得被认识。完全相反，它是必须作为我们的实践推理之基础的那个规范。在这种情况下，我们就不能认为思想对于行动来说是无用的。在科学和技艺（art）之间不再存在鸿沟，我们从一方不断过渡到另一方。确实，科学只有通过技艺这个中介才能降临到事实上，而技艺也只是科学的延伸。我们还能思考这样一个问题：随着科学所确立的法则越来越全面地表征实在的个例，科学在实践上的不充分性是否也会随之而消失呢？

一

通常，疼痛被认为是生病的标志；当然，总体上在这两个事实之间当然存在某种联系，但这样的联系既不稳定也不严谨。有些严重的疾病并不造成疼痛，而另一些虽疼但不严重，比如一粒煤渣掉入眼睛，会让人非常难受。同样，在一些状况下，感受不到疼痛，甚至感受到快感，才是生病的标志。有一些刚强本身就是病态的。在一些情况下，一个正常人会感到难受，而一个神经衰弱的人却会有快感，这时这种快感具有病态的本质，这是无法质疑的。相反，疼痛伴随着一些状态，如饥饿、疲劳、分娩等，这些状态完全是正常的生理现象。

由于健康是生命力发展的良好状态，我们能因此认为，有机体与其环境处于完美适应状态就叫作健康，反之，适应上出了问题就叫作生病吗？但是，首先——我们在后面还会再回到这一点上来——，尚未有证据证明有机体的状态需要与外部状况相协调。并且即使这个标准真的能够衡量是否健康，也还需要另一个标准来使得这个标准成为可识别的，这是因为无论怎样我们都需要指明的是，"判定某种状况比其他状况适应的更好"是依照什么原则进行的。

是否可以按照健康或生病对我们生存机会的影响来判定呢？这时健康就被认为是促进有机体具有最大生存机会的状态，而相反疾病就是减少生存机会的状态。实际上，总体来说确实，生病会造成有机体的衰弱。但并不只有生病会造成这一结果。在一些低等生物那里，再生产这一功能会导致死亡，即便在一些高等生物那里，再生产也会带来风险。但是再生产却是常态。老年和幼年会有相同的效果，因为老人和小孩都会更易遭受破坏的影响。那么这些算是生病吗，还是说，我们只承认成年人这一种状态是健康的呢？这样的话，健康以及生理学的范围就大大地缩小了！如果说老年本身就是一种病的话，那么我们又怎么区分一个健康的老年人和生病的老年人呢？照同样的看法，例假也是一种病态现象了，因为在例假所带来的各种问题之中，也包含着例假增大妇女患病的可能性。但如果例假是病的话，我们又怎么把不来例假或提前绝经作为无可置疑的病态现象呢？我们对这个问题做如下推理：如果在一个健康机体中，每一部分扮演一个具有效用的角色，每种内部状态都严格对应一些外部条件，有机体在此之上保证生命平衡并减少死亡的可能性。也能假定在相反的情况下，一些解剖学或功能上的构造并不直接发挥什么作用，但为了生命的总体形成，它们不能不存在。我们不能将这样的东西当作病态的，因为疾病首要地意味着可避免的东西，它并不被包括在生命体的普遍构造之中。可以认为，疾病不但不会强化有机体，还会减小其存在的力量，直至使其具有死亡的风险。

另一方面，疾病也并不是总带来我们定义时的那种结果。不是存在那么多过于轻微而无法让我们感受到对有机体的生命基础造成影响的疾病吗？并且即便是那些严重的疾病，只要我们知道如何拿起武器与它们作斗争，它们也不会造成实质的损害。在良好的卫生条件下，胃病患者可以和健康的人一样长寿。他当然必须接受治疗，但是我们难道不都同样需要接受治疗吗，对于维持生命有其他的办法吗？我们每个人都有适合自己的卫生条件，只是病人的与和他同时代同场景的人的平均条件不同罢了，但这也是他们之间唯一的不同而已。疾病并不总让我们心神不定，让我们处于一种无药可医的不适状态，它只是强制我们以一种区别于常人的方式去适应。谁说不存在有用的疾病呢？接种的天花疫苗就是一种我们有意去导致的疾病，而它却增大了我们的生存机会。或许还存在其他的情况，疾病造成的不适远比不上它使人体产生的免疫力。

最后，我尤其要指出，下面这个标准在多数情况下是不适用的：我们可以精确地确认，在某个群体中存在着已知的最低的死亡率，但我们不能确定它就是可能的最低死亡率。谁说不会存在进一步降低的可能呢？这种有关事实的**最小值**因此既无法证明某种完美的适应状态，也不能对照之前的定义给出某种关于健康状态的指标。此外，具有这种属性的群体也难以建立，以及脱离其他群体而孤立存在，而使其孤立地存在又是为了观察它的有机构成从而识别其被假定出的作为原因的优势所必需的条件。相反，当面对的是一般会导致死亡的疾病状况时，显而易见，生存的几率就会降低，而当疾病不具有直接导致死亡的本质时，不适就成为判断标准。实际上，只有一个客观的标准可以证明处在此种状况下的存在具有相较他人而言更低的生存机会，这就是其他个体会存活得更长。但是，虽然在纯粹和个体有关的患病状况中这种判断往往是可行的，在社会学中它却是不可行的。这是因为这时我们不像生物学家那样具有判断的标准，即平均死亡率这个数字。我们甚至无法准确判断一个社会在何时出生又在何时死亡。所有这些在生物学上尚且没有完全解决的问题，对社会学家来说就更为神秘了。而且，在社会生活的过程中产生，并且在不同的社会中多少是同样重复出现的那些事情是多种多样的，以至于我们完全无法确定，其中的哪一个在何种程度上会导致最终的结局。当研究的是个体时，由于个体是众多的，我们可以去比较不具有共性的那些人，并选取出特定的一种反常（anomalie）状态[1]，这种反常状态在伴生的各种现象中相对是分离的，我们从而能去研究它对有机体所产生的影响的本质。[2] 比如说，如果我们随机抽取一千个风湿症患者，发现他们的死亡率高于平均水平，那么我们就有理由将死亡原因归于风湿病。但是在社会学上，由于每个社会类属只包括少量的个体，所以对于能够对分类的构成进行证明来说，这样的用于比较的场域（champ）就过于局限了。[3]

　　然而，由于缺乏这种关于事实的证明，所剩的可能性就是演绎推理，其结论则只会具有主观推断出的价值。人们证明的并不是某个事件如何削弱了社会机体，而只是它"一定"会具有这样的效果。由此，人们就会确信，它在发展的链条上不可能会不造成某种特定的对社会具有削弱作用的后果，因此，我们必须将其认为是病态的。但是，即便假设它真的带来了这样的后果，也有可能会出现这样的状况：这些不好的效果被我们尚未感受到的好的效果所中和甚至覆盖了。并且只有一种理由可以将其视作是负面的，这就是它扰乱了诸功能的正常运转。但这样的思路又以假设着知道问题得到解决了之后的那种状态是什么样子的为前提条件，因为我们只有预先已然知道所谓正常状态是什么样子，并由此知道什么是正常状态的评判标准之时，这种思路才有可能成立。这难道不是在尝试完全**先验地**构建观念吗？不用说，这样的构建是没有价值的。这就是为什么在社会学和史学上，同样的事件却会从学者的个人情感出发，被分别判断为有益的或有害的。一个不信教的理论家会不停地论说，在宗教信仰普遍式微的情况下，残存的信仰是一个有害的现象，然而对于一个信教的理论家来说，这种信仰动摇才是当今最大的社会疾病。同样，对于社会主义者来说，当下的经济组织是相关社会畸形的事实，然而对于正统派的经济学家来说，社会主义倾向因其巨大成功才是病态的。他们都认为自己是基于对他们所认定的事实来得出逻辑上的完美推论的。

这些定义的共同缺陷是过于急切地希望把握现象的本质。同时，它们都假设自己已然获得了一些支撑条件，而无论对错，这些条件只有在科学获得一定进展之后才会出现。这些状况正好印证了我们在前面确立的那些准则：我们只需要简单地去探寻可立刻感知的外部特征，这些特征是客观的，它使我们可以去辨认正常或反常这两种有关事实的序列；而不要做的是以生命力之名去试图决定什么是正常状态的集合，抑或其反面。

社会学上的所有现象也和生物学上的现象一样，它们既是可感知的，但又在根本上是自生的，它们按照不同的情况差异而采取不同的形式。而这些形态又分属两个种类。其一是在所有的种属外延上都普遍体现的；它体现在所有的个体上面，或至少体现在大部分的个体上面，即便有时它不能在所有的可观测情况下都同样地重复出现，而是视主体而差异化的，那么这时差异也只是

在彼此相差无几的范围内的。另一种则相反是作为特例
而出现的，它不仅只是体现在少数个体之上，而且就它
所出现的那些少数个体而言，它也往往不能始终存在于
这些个体的生命历程中。无论是在时间方面还是在空间
方面，它们都只是特例。[4] 因此，我们面对的是有关现象
的两种不同的演化产物，它们应由不同的术语来表征。
我们将代表了普遍形式的那些事实称作正常的，而将另
一种成为畸形或病理学的。如果我们将所有存在汇集在
一起，然后形成一个抽象的图示化个体，我们就可以将
这个表征称作平均类型，它具有种属最常出现的那些特
点，也具有最常出现的那些形式，我们可以说，正常类
型与平均类型是一致的，而与这个健康标准的所有差距
就是病态现象。诚然，平均类型不像个体类型那样可以
清晰地规定，因为它的构成不是绝对不变而是敏于变化
的。但它是可以构建出的，对此无可置疑，因为它是科
学的直接质料，因为它与"种属类型"（type générique）
是一致的。生理学家研究的正是平均意义上的机体功
能，对社会学家来说也除此无他。一旦我们能够辨识出
各种社会类属——我们在后面再探讨这个问题——，就
总能发现某种给定的类属中现象所表征的最普遍形式。

　　我们看到，只有就某给定类属而言，才能去判断某个事实是不是病态的。健康或疾病的状况不能**抽象**（in abstracto）地以一种绝对的方式而定。这条准则在生物学上没有争议，不会有人认为，对软体动物来说是正常的东西对脊椎动物来说也是正常的。每个类属有其自己的健康标准，因为它有其自身固有的平均类型，而且哪怕最低等生物的健康也不比最高等生物的健康来得更不重要。这一原则同样适用于社会学，但却往往被人们误解。应该摒弃这样一种过于流传的习惯：对于评价一种制度、一种实践或一种道德律令，如果它对它自身或由它自身是好的或坏的，就理所当然地认为它对于所有社会类型来说都是无差别地好或坏的。

　　由于我们用来评价健康或疾病的标准是伴随着种属之别而演变的，那么在同一种属之内，如果这个种属在变化，评价标准也就相应地变化。从纯粹生物学的视角来说，对于野蛮人来说正常的事情对于文明人来说就不总是正常的，反过来也一样。[5] 有一种演变尤其值得重视，因为它规律性地存在于所有的种属中，这就是年龄。老年人的健康标准与成年人的相区别，同理，成年人的与儿童的相区别，社会也是如此。[6] 对"某社会事实对某社会种类而言是正常的"的评价就只能参照具体的阶段才能做出，这时的阶段属性同样决定了它的发展水平，其结果就是，要想知道它是否符合标准，仅仅观察从属于某一种属的诸社会的普遍形式还不行，还必须仔细观察它在演化序列中的阶段参照。

我们似乎至此只是简单地给出了用词上的定义，因为我们只是对照现象的总体情况和差异进行了群组上的划分，并对每个组分别安上了名字。但是实际上，我们如此构建出的概念虽然因其客观属性和易识别特征具有巨大的优势，却并不与人们通常具有的关于健康和疾病的概念有什么太大的差异。疾病实际上不正是被所有人当作一种偶然事件吗？生命体无疑有可能患病，但患病却不是常事。古代哲学家们说，疾病不出于事物的本质，而是出于机体的一种内在的偶然性，他们说的就是这个意思。当然，这样的概念是对所有科学的否定，因为疾病并不比健康更稀奇，它也是建基于存在者的本质之上的。只是，它不是建立在其正常本质之上的，它不作用在正常体征上，也与存在所需要的那些普遍条件没有关联。相反，对所有人来说，健康类型才表征了种属的类型。在不彼此矛盾的情况下，我们甚至不能去想象这么一个种属：它自身，以及就其根本构建来说，就是无可避免地病态的。种属之存在就其品质来说就是"正常的"，也不会因此而孕育出反常。

确实，当我们说到健康时，我们往往听到的是一个比疾病更令人喜爱的状态。但是这个定义已经包含在前述定义中了。实际上，如果构成正常类型的那些特征可以泛化到整个种属上的话，这并不是没有原因的。这种普遍性本身就是一个事实，它需要被解释，为此，需要一个前因。然而，如果最为扩散的组织形式不是最有利的，**至少在总体上说**不是最有利的，那么普遍性就无法得到解释。如果所谓的普遍性无法使个体具有面对解体时最优的那种抵御状态，那么这种普遍性又如何能在环境极大的变化上去维持自身呢？反过来，如果其他形式是少见的，那么很明显的就是，在**平均状态**上，具有这些少见形式的主体是难以生存的。具有普遍形式因此就证明着具有更高的形式。[7]

二

最后的这一点还同样提供了一种对前述方法所得出

的结果进行控制的方式。

从外部表征了正常现象的那种普遍性，由于其自身就是一种可解释的现象，所以在通过观察来直接把握它之后，我们就需要对其寻求解释。无疑，我们提前就已经知晓，它不是不含原因的，但更好的做法是弄明白这个原因到底是什么。实际上，如果我们可以证明现象被揭示出的外部特征不是纯然的表象，而是建基于其物的本质之上，简言之，如果我们可以建立有关事实的正常状况和有关正当性（droit）的正常状况之间的关联，那么这时现象所表现出的正常特征就是确凿无疑的。此外，虽然从我们上述的理由来看如下的情况是最常见的，但是我们的证明并不总是致力于表明现象是有利于有机体的；如我们在更前面讨论的那样，也有可能出现虽属正常却和机体无关的状况，这时它所谓的正常仅是因为它必然地包含在了事物的本质中。此例就是，在分娩中，女性机体不感受到痛苦或许是有利的，但这却是不可能的。其结果就是，对现象的恒常性的解释必须建立在与被考虑的种属之存在条件相结合的那些东西之上，它们要么是这些条件在机制意义上"必然"的某种效果，要么是使得有机体可以采取相应适应手段的东西。[8]

这个证明并不仅仅是在衡量的意义上提供有效性。不要忘了，实际上之所以有区分正常和反常的意愿出现，就是面向于实践而言的。然而，为了搞清楚原因是什么，就不能仅仅知道我们希望着什么，而是要知道为什么我们会这样希望。当具备了合适的理由去解释之后，与正常状态相关的科学命题就更能立刻作用到特定情况之上，这是因为那时我们就可以清楚地知道在何种情况下以及在何种指向下去运用或修正它们。

在某些情况下，这种验证是严格必需的，因为单独使用第一种方法会导致错误。这就是那种演变期所面临的状况，在演变期，整个种属都在演进，而新的形式却尚未得到确定。在这种情况下，已确立且在事实中被给定的唯一的正常类型，就是过往的那种类型，然而过往类型与新的存在条件之间已然是无关的了。因此，即便不再能够回应环境的需求，某个事实也有可能残存在种属的所有外延中。因此它不再具有除了表象之外的任何关于恒常性的东西，因为此时它所表征的普遍性也只是一个虚假的标签而已，它不再是可观察现象的指标，也不再紧密地与群体存在的普遍条件相联系，它无非只是由习惯的盲目力量来维持着。另外，这种困难是社会学所特有的。可以说这个困难在生物学家那里并不存在。实际上，动物的种属很少会采取意外的形式。动物种属所经历的那些正常的演变，都是以寓于每一个个体的方式而普遍出现，并主要受到年代的影响而发生。正是因为这些正常演变早就在诸多个案中实现，所以它们才为人所知或可以为人所知，而后，我们才可能知晓在动物的发展过程中对每个时期而言什么是正常状态，甚或是在演化的危机时期情况也依然是如此。在社会学上，对于那些低等种属情况也是一样的。由于它们中的大多数已经走完其历程，所以它们的正常进化法则已经被揭示或至少可以被揭示。但当情况对照到更为高级也更为晚近的诸社会时，这时法则还没有被揭示，因为它们还没有走完其历史进程。那么由于标准的缺失，社会学家就很难确知某种现象属于或不属于正常的。

社会学家如按照我们上面所说的去做就能摆脱困境。他可以通过观察去确认某个事实是普遍的，然后去追溯在过往由哪些条件促生了这种普遍性，然后去研究这些条件是否在当下仍然存在，或相反已经改变了。在前一种情况下，他就有理由将其当作正常现象，在后一种情况下，则有理由去否认这些特征是属于正常状况的。举例来说，要想知道当前欧洲诸国因组织缺失所表征的经济状况[9]是否属于正常，就得去研究历史上造成这种状况的因素。如果这些条件现在还存在于我们的社会中，那么虽然组织缺失会招致抗议，但它还是属于正常情况的。但如果情况相反，如果它只存在于我们所称的分段式的[10]（segmentaire）古老社会结构中，并且虽然它过去曾经是社会的基本骨架，但是却逐渐消失，那么我们就能得出结论认为它在现在属于一种病态，无论它是不是普遍的。与之类似的所有争议问题都可以采用这样的方法来解决，诸如宗教信仰的弱化或国家权力的强化现象是否属于正常，等等。[11]

但是，这种方法在任何情况下都不能取代前面的那种方法，也不能被当作主要方法来使用。首先，这种方法带来了一些问题，我在后面会谈到这些问题，而只有在科学已然有了一定发展之后这些问题才会被涉及；这是由于这种方法总体上暗示着近乎完全包含所有现象的解释，因为它假定要么现象的原因，要么现象的功能是已然给定的。它的好处是，除了个别例外情况，在研究的起始阶段就能够识别哪些事实是正常的，哪些是反常的，以便分别将这些事实纳入生理学和病理学的领域去研究。然后，只有在参照正常类型的情况下，某一事实才能被认为是有用的或必然的，以此来将这个事实本身界定为正常的。否则，疾病和健康也就没有了区别，因为疾病必然产生在生病的机体上，只有通过平均意义上的机体，才能发现疾病和机体并不存在必定的联系。同理，服药对治病有用，它可以被视作是正常现象，但很明显服药是反常的，因为只有在反常的情况下服药才会获得这种功效。因此，只有在正常类型已然确立的情况下才能采用这种方法，而对正常类型的确立则是另外一个过程。最终并且特别需要强调的是，如果说所有正常的类型确实也是有用的或至少必然的类型，那么认为所有有用的类型都是正常的类型却是错误的。我们可以确认，种属的最为普遍的那些状况相较于属于特例的那些状况是最有用的，但是却不能因此确认，最有用的就一定存在或可能存在。我们没有任何理由认为所有可能的组合方式都被经验过程试验过了，在这些可能的组合方式中有可能还有明明更合适却尚未被建立的方式，相较之下，这尚未实现的方式可能会比已知方式具有更大的益处。有用这个概念比正常这个概念更广大，前者对后者的关系相当于属（genre）对种（espèce）的关系。*但是我们不能从少中引出多，从种中引出属。这就是为什么一旦观察到现象的普遍性，我们就能在观察普遍性是如何发挥作用的同时确认第一种方法所带来的成果。[12] 我们因此可以总结出下面这三条准则：

1. 只有建立在特定种属内诸社会的平均值上，并且呼应了社会的演进阶段之时，某种社会事实才会对于特定社会类型的特定发展阶段来说是正常的。

2. 对于所考虑的社会类型来说，当现象的普遍性与群体生活的普遍条件相一致时，我们就验证了前述方法。

3. 当社会事实对应于尚未完成其演进过程的社会种属之时，这种验证就是必要的。

三

人们已经习惯于一蹴而就地迅速解决这些疑难问

---

* 涂尔干那里有非常强的来自 17 世纪博物学家"属加种差"的分类观念的影响。也即，人们首先按照对象之间的差别进行属的差别（求同），以此来把具有相似性的事物分类到属这个大类中。然后再在同属的对象中按照对象物的细小差异将其分为不同的属内的种（求异）。——译者注

题，通过粗疏的观察和逻辑推导，就去断定一个社会事实是否正常，以至于反将我上面的论述当作繁复而无用的。他们认为，要区别疾病和健康并不需要如此大费周章。我们难道不是每天都在做着这种区分吗？——确实，但问题正是在于我们是否符合道理地做着区分呢？我们看到生物学家相对自如地解决了问题，就认为我们在解决问题时也不会遇到什么困难。但是我们忘记了，生物学家处理的东西比社会学家的要容易得多，他们只需要发现每个现象如何影响机体的抵御能力，进而从中确定实践上充分准确的正常或反常特征就行了。而社会学上，相关事实更大程度上的复杂性和易变性要求更多的谨慎，就像不同的党派会将同样的现象当作对象而得出相互矛盾的评价那样。为了证明这种谨慎是多么地必须，让我们看几个例子，这些例子指出，当我们没有足够谨慎时，会导致什么样的错误；而当我们全面地进行研究时，最基本的现象又会以什么新的表象出现。

如要举一个例子，其中相关事实的病理学特征是确凿无疑的，那犯罪是最合适的了。所有的犯罪学家都认同"犯罪是病态的"这一特征。如果说他们以不同方式去解释这样一种病态的话，在这一点上他们却是一致的。但我们还须没那么匆忙地去对待这个问题。

让我们采取前述那些准则。并不是仅能在某特定种属中的大多数社会里观察到犯罪，而是能在所有类型的所有社会里看到犯罪。如下状况并不会出现："有唯一一种纯粹的犯罪性（criminalité）。"犯罪不断改变其形式，相关行为也不具普适意义，但是，无论在何时何地，总有人因其行为方式而使自己受到惩罚。如果说至少随着社会从低级类型向高级类型的演化，犯罪率，也即年犯罪数相对于人口总数的比率，倾向于减少，我们就可以认为，虽然犯罪是一个正常现象，但是它会越来越失去"正常"这一特征。但我们没有任何理由来支持我们去相信，这种减少是一种实在。许多事实看起来更证明相反情况的存在。从 19 世纪初开始，统计资料给我们提供了追踪犯罪的手段，但它却揭示出犯罪率是增长了的。在法国，增长率更是高达将近百分之三百。因此，没有哪个现象可以清晰地表征所谓正常的所有特征，因为现象看起来是与整个群体生活的所有条件紧密相关的。将犯罪看作一种社会疾病，这也就意味着承认疾病不是一种偶然的东西；相反，它在某些情况下是来自生命体的根本构建上的，而这则抹杀了生理学和病理学的所有差别。无疑，犯罪有时也可能以反常形式出现，比如当犯罪率达到一个过高的值的时候，情况就是如此。无法否认，这种过高的犯罪率是一种病态。正常的是存在犯罪，而其存在又较为局限，对任何社会类型来说都不超过一定的阈值，而这个阈值或许并非不可能从符合前述准则的条件中推导出来。[13]

我们现在就得到了一个表面上看有些像悖论的结论。之所以说是"像"悖论，是因为我不希望它带来混淆。将犯罪当作正常的社会学现象，这不仅是说，虽然由于一些人无法矫正的恶，犯罪成了一种虽然令人遗憾却无法避免的现象；而是说，犯罪属于公共健康的一个部分，它是所有健康社会的一个已然被整合了的部分。这个结果乍看起来让人觉得吃惊，长期以来让我们自己也感到困惑。然而，当我们战胜了这种初期的惊诧感之后，就不难发现解释并证实这种正常性的理由了。

首先，犯罪之所以是正常的，是因为无犯罪的社会绝不可能存在。

我在前面讲过，犯罪包含了对某种群体情感的侵犯，而这种群体情感又怀有一种特殊的能量和清晰的立场。在给定社会中，如要消除被认为是犯罪的行为，就必须使所有的个体意识中都无例外地感受到情感被犯罪损害了，并且这时的群体情感需要达到一种必要的程度，来抑制相反的情感。然而，即便这样的条件实现了，犯罪也不是因此消失了，而仅仅是改变了它的形式，因为导致犯罪的原因在终结某项犯罪根源的同时，又立刻开启了新的犯罪形式。

实际上，对于由某群体的刑法法规所保证的，这个群体在其历史上特定时期中形成的那些群体情感而言，如要使这些情感能够渗入此前对其封闭或此前不够如此强烈的那些个体意识中去，就需要它们在强度上超越此前的状态。整个社群都必须更鲜活地感受到这些情感，因为它既没有一个更强力的来源，却又需要能够作用到此前一直抵制它们的那些个体上。要使杀人犯不存在，就要使产生了杀人犯的那些社会阶层感受到更大的流血的恐怖，但如要做到这一点，又需要整个社会层面都弥漫着这种恐怖。此外，犯罪的消失直接有利于造成这种效果，因为当某种情感总是且一致地被遵守时，它就会被认为是最值得遵守的。但人们没有注意到，要使共同意识中对极端行为的排斥得到强化的话，那么对于那些仅仅因纯粹的道德缺失而产生侵害的不那么极端的行为

的排斥，也就必须同时得到强化；因为后者只是前者的
延伸，是前者的和缓形式而已。偷盗和轻微的欺诈都只
是有损于利他主义情感和对他人财产的不尊重。但是，
轻微的欺诈较轻地侵害了这些情感，偷盗则较重。另一
方面，在意识的平均水平上并不存在对于这两者中较轻
的那种的足够的感受强度，人们因此更多地选择容忍
它。这就是为什么人们只是谴责程度上较轻微的欺诈，
而偷盗则要受到惩戒。但如果情感增强，以至于所有将
偷盗视作更严重的倾向都被弥平的话，人们就会将此前
被认为是轻微的损害感受为更为强烈的损害，以至于更
鲜明地针对它，它也就成了更为严厉的指责的对象，于
是它也就从仅仅是此前认为的道德瑕疵变成了犯罪。比
如，合同欺诈和违约原本只是被公开谴责或被认为需要
私下去补偿，但却逐渐被界定成了轻罪。让我们设想一
个圣贤社会，比如一个完美的修道院。在那里本不存在
犯罪，但是在普通人那里被认为不算什么的缺点在这里
就变成了骇人听闻的事情，并且成了丑闻，而在普通人
的意识里只有犯罪才会激起这种丑闻。因此，如若这个
社会中存在用来裁夺和惩罚的权力，它就会将这样的行
为界定为犯罪，并相应进行处置。也正是出于同样的原

因，最为正直的人才严格对待自身的一些微小的道德瑕疵，他的那种严肃劲头只会出现在一般人对待真正的犯罪时。而造成针对人身的伤害在过去比在今天更为普遍的原因，则是因为过去并不像当今这么注重个体的尊严。由于对个体尊严的尊重持续增长，犯罪就变得更为少见；但同时，激起这方面情感的许多因素就被写入了法典，但之前却并没有如此。[14]

为了顾及所有在逻辑上可能的假设，有人或许会问，为什么这种一致性没有"无例外"地涉及所有的群体情感呢？为什么较弱的那些群体情感不去采取手段来防止异议的出现呢？社会中的道德意识理应存在于每个个体身上，并且有足够的能力来防止每一个对它进行侵害的可能行为，无论这样的侵害行为是微小的道德缺陷还是犯罪。但是如此一种普遍且绝对的一致性从根本上是不可能的，因为我们每个人所处的直接物质环境是不同的，所接受的遗传也不同，受到的社会影响也因人而异，以至于意识也不相同。由于每个人都有其自身机体，而这些机体在空间中占据不同的位置，因此根本就不可能出现所有人汇聚成一个点这样的事情。这就是为什么，即便对于个体独创性并不发达的低级人群来说，个体独创性也不是完全不存在的。同样，由于不存在任何一个于其中个体类型与群体类型毫无差别的社会，就无法避免，在各种差别中有可能存在具犯罪特征的差别。使它具有犯罪特征的，并不是它的什么内部因素，而是它与公众意识的比较。如果公众意识很强，如果它具有权威去完全压制相比之下较弱的差异，它就会变得更为敏感、更为苛求，并以在他处只用来反对较大分歧的力量去反对这里的那些微小差异，并将这些微小差异也看待成巨大分歧，即，将它们视作犯罪。

犯罪因此是某种必然，它与所有社会生活的根本条件相关；而由此，犯罪也是有效用的，因为犯罪稳固于其中的这些条件也是道德和正义在正常进化过程中的不可或缺之物。

实际上，如今已无法质疑的是，正义和道德不仅会从一种社会类型演变成另一种社会类型，而且如果群体存在的条件发生变化，它们也会相应地演变。但这种改变如要可能，作为道德基础的群体情感也必须满足于"不能阻碍变化的发生"这一条件，其结果就是，它只能是一种较弱的力量。如果群体情感是过于强大的力量，那么它就不再是灵动的。实际上所有的既有秩序都是秩序改变的阻碍，而原初秩序越牢固，阻碍就越大。有人认为，无论是对于功能性的秩序来说还是对于解剖学上的秩序来说，一种结构越是被强烈指责，它就越是反对任何对改变的抵制。不过如果没有犯罪存在，这个条件就不会实现，因为这种假设是建立在这样一种前提之上的：群体情感在历史中已然具有了前所未有的那种强度。没有什么是可以无视条件而无限地被认定为所谓"好"的。受道德意识鼓励的权威必须适度，否则，就没有人敢对它进行评论，它也就很轻易地变成了僵化的形式。为了它自身的进化，就必须使个体的独创性能够发挥作用，但是，如要使梦想超越其时代的理想主义者的独创性得到维持，就必须使不及时代水平的罪犯的独创性也成为可能。如果其中之一是不可能的，那么另一个也就相应是不可能的。

这还不是全部。除了这种间接的效用外，犯罪本身在进化中还扮演着具有其他效用的角色。它不仅暗示着必要的演变途径是开放的，还在某些情况下为改变做出了直接的准备。哪里有犯罪，哪里的群体情感就处在致力于新形式的那种必要的可塑状态；不仅如此，犯罪有时还决定了这些群体情感应该采取什么样的形式。有那么多的情况表明，所谓的犯罪只是对未来道德的预期和通向未来道德的努力！苏格拉底按照雅典的法律就是个罪犯，而对他的判决也没什么不公正的。但是他的犯罪，也就是他思想的独立，却是有用的，不仅对人性来说是有用的，而且对他的祖国来说也是有用的。因为他为一种雅典人需要的新信仰和新道德的出现提供了准备，而曾经的传统已然不适应新的存在条件了。苏格拉底并不是孤例，历史中类似的状况一直在不断上演。如果禁止思想自由的准则在其被正式废止之前没有被侵犯，那么今天为我们所喜的思想自由也根本不会出现。但是，在那时，此类侵犯就是一种犯罪，因为它在那时确实是对普遍意识中一些极具生命力的情感的违犯。但这样的犯罪又是有效用的，因为它为演进做出了准备，而这样的演进也越来越成为必然。在整个中世纪乃至近代前夜，自由哲学的先驱们都被认为是异端而被俗世惩罚。

从这个视角出发，犯罪学的根本事实就以一种全新的面目呈现在我们面前了。与人们通常的想法相反，罪犯不再被认为是出现在社会中的那些极端反社会的、某种寄生的、不可理解的奇怪存在[15]，而是社会生活的正常成分。从它自己的角度来说，犯罪不能从特别狭隘的眼界出发去被当作恶；当犯罪水平显著下降以至于我们都能感到它明显低于通常水平时，要做的不是庆祝，我们可以很确定，这个看似的进步其实与某些社会紊乱是相伴而生且密切相关的。这就是为什么刑事案件的低值往往出现在短缺年代。[16]同时且作为其反映，有关惩罚的理论也被更新，或说，有待更新。实际上，如果说犯罪是一种疾病，惩罚就是一种治疗的药物，除此无他；而关于它的所有讨论都致力于关注它如何完成其扮演药物的角色。但如果说犯罪不是疾病的话，那么惩罚也就不能成为治疗手段了，它的真正功能也应该从别的方面去寻找了。

有人会认为，上面所说的这些准则因此除了满足逻辑上的形式主义之外就没有什么更大的用处，但事实正与之相反，按照这些准则而行或不按这些准则而行，这种差别会最终导致社会事实在特征上完全的不同。如下的这个例子如果被认为过于明显的话——它是这么得明显，以至于我们过去认为不需要再涉及它了——，也还有其他值得引述的例子。没有哪个社会会认为惩罚与量刑不是成比例出现的，而意大利学派则认为这一原则只是法学家们的发明，因此完全没有根据。[17] 同样，对于这些犯罪学家来说，如是运行并且存在于所有已知群体中的惩罚制度就其全部意义来说都只是一种反自然（contre-nature）的现象。我们已经看到，对于加罗法洛先生而言，专属于低级社会的犯罪完全不是自然的。而对于社会主义者来说，虽然具有普遍性，但正是资本主义的那些机构用暴力和诡计制造了相对于正常状态的偏离。而相反，对于斯宾塞先生来说，则是我们在行政上的集中化，是这种政府力量的扩张，成了我们社会的根本弊病，但这些因素在历史上的演进却正是最为普遍和恒常的。我们从来不认为，我们要根据普遍性的程度去系统地将某种社会事实规定成是正常的还是反常的。解决这类问题从来都是通过对辩证法的援引而完成的。

但是，如果完全排斥这个标准，则不仅会造成前面所述的那些部分的混乱和错误，还会使科学变得不可能。实际上，科学直接的目标是研究正常类型，但如果最普遍的事实是病态的，也就会造成"事实中并不存在正常类型"的可能。那么，研究它们又有什么用呢？这时的研究只会加重我们的成见并使从中得出的错误更为根深蒂固。如果在历史上存在的那些惩罚和追责都只是无知和野蛮的产物，那么又何必以认识它们为确立正常形式的条件呢？因此，我们的精神就需要脱离无用的现实，而转向精神自身，从它自身中去寻找重构现实的必要质料。要使社会学将事实作为物那样去研究，就必须使社会学家感受到接受这种思维的必要性。但由于所有关于生命（无论是个体生命还是社会生命）的科学都以界定正常状态进而对其解释，并将其区别于相反状况作为自己的主要目标，那么如果正常状况不寓于物中，相反出于由我们基于某些理由从外部给定或拒斥的东西，就会成为研究的有益补充。当精神所面对的现实不向精神揭示什么重要东西的时候，精神就会处在一种惬意的状态，这时精神就不再只是被质料决定、纯然作为那些质料的内容，因为这时，在某种程度上，反倒是精神决定了质料。我们至此所建立的这些准则因此是严格一致的。为了使社会学真正成为一门"关于物的科学"，就必须使现象的普遍性成为判别正常状态的依据。

此外，我们的方法还有这样的好处，它既能用来调节思想，又能用来调节行动。如果说被希冀之物并不是观察的对象而是可以或必须由人的精神计算加以调节的东西的话，那么为了畅想最优的状况，没有什么东西可以制约想象的自由发明。因为要如何给完美去设置一个它无法超越的界限呢？从定义来看，完美就是没有限制的。人性的目标因此是无止境的，它境界的高远使一些人丧气，但又相反激励着另一些人去逐渐接近它，一步一步地为了它的实现而努力。如果所被希冀之物，也即健康，是被明确界定且寓于物中的，那么我们就能克服这种实践上的困难，因为努力的方向也同样是被给定的和明确的。要做的就不是去绝望地追逐一个伴随着我们的前进也在匆忙逃逸的目标，而是持之以恒地维持正常状态，如果它受损了，就去重建它，如果它的存在条件改变了，就去重新发现这些新条件。掌国之人的义务就不再是激烈地推动社会朝向一个他自己愿意的理想状况去发展，他的角色是医生的角色：以良好的卫生保健措施来预防疾病，而当疾病出现时，设法治愈它。[18]

注释

1. "反常"又作"病态"。（*R. P.*, p. 582.）

2. "这种反常状态在伴生的各种现象中相对是分离的，我们从而能去研究它对有机体所产生的影响的本质。"在最初版本不存在。

3. "所以对于能够对分类的构成进行证明来说"又作"所以对于让我们证明其分类构成来说"。（*R. P.*, p. 582.）

4. 我们从中可以区分什么是疾病，什么又是畸形。畸形只是处于空间中的特例而已，它不存在与种属的均值中，但是一旦出现畸形，就会伴随个体人的始终。我们看到，这两种事实的序列只有程度上的差异，而具有相同的本质；它们之间的界限非常模糊，这是因为不是所有的疾病都不可被治愈，也不是所有的畸形都不可被矫正。因此，在下定义时就不可能把它们截然分开。二者的区别不外乎是形态学和生理学之间的区别，因为总体上说，疾病是生理学意义上的不正常，而畸形是解剖学意义上的不正常。（这个注释在原始版本不存在。）

5. 比如说，一个野蛮人如果像文明人一样有缩小了的消化道和更发达的神经系统，那么他对于他所在的环境来说就成了一个病人。

6. 我略去对这一部分的分析，因为相关分析只能是对我借正常与非正常道德事实的区别进行的与一般社会事实相关的陈述的重复。（参考，*Division du Travail Social*, pp. 33—39。）

7. 确实，加罗法洛先生曾经尝试区分病态和反常（Criminologie, p. 109, 110）。但他的区分仅仅是建立在下面两点差异的基础上：（1）疾病一词总是指向导致机体全面或部分的解体的东西，如果没有解体，则也要假设解体以被治愈。疾病总是不稳定的，不像在大多数反常中那样。而我们已经看到，所谓反常，本身也是在平均状态上对生命体的威胁。诚然，情况不总是如此，但是作用在疾病上的危险同样也只是在大多数情况这个意义上存在的。至于拿来区别于病态的"缺乏稳定性"，他忘了慢性病，以至于他将畸形和病态截然分开了。畸形是可以稳定存在的；（2）正常与反常随人种不同而差异，而生理学和病理学上的区分则对整个人**这一类属**（genus homo）有效。我们前面已经从反面指出，对野蛮人来说是病态的，对文明人来说往往不是。机体的健康条件是伴随环境而改变的。（这个注释在最初版本中不存在。）

8. 确实，人们可以自问，当一个现象必然地揭示了生活的普遍状况时，这本身不就说明它不是在有利这个意义上存在的吗？我们不能这么哲学式地考虑问题，让我们在更后面讨论这个问题。

9. 关于这一点，请参考我们在《哲学评论》（*Revue Philisophique* 1893, 11.）中关于《社会主义的定义》（La Définition du Socialisme）一文。

10. 所谓分段式的社会，特别是基于领土的分段式社会，是指社会的基本衔接对应于领土划分的诸社会。（参考 *Division du Travail Social*, pp. 189—210。）

11. 在某些情况下，我们可以对方法稍加改变，去证明对"事实是正常属性的"的怀疑是否有道理。我们可以去研究，这个事实是否与所观察的社会类型在之前的发展有紧密联系，或它是否与整体上的社会演进有关系，抑或相反，它是否与其中之一相悖。正是通过这种方法，我们才证明，当今的信仰式微以及更普遍意义上的对群体对象的群体情感的式微，都属于正常。我们业已证明，伴随着社会与我们当下的类型越相似，以及我们当下类型越发达，这种式微就越是被指责。（*Division du Travail Social*, pp. 73—182。）但究其根本，这种方法只是前述方法的一个特例。因为如果说这种方法可以确立现象的恒常性，这是因为它同时也依附在我们群体存在的最普遍条件之上。实际上，一方面，如果说这种宗教意识的退缩伴随着我们社会结构的确立，那么它并不是由某些偶然原因引起的，而是由我们社会场景的构建本身引起的；另一方面，当今社会场景的构建特征无疑与之前相比更为发达，那么依附于其上的现象本身也更为增强，这没有什么不正常的。与前面的方法相比，这种方法唯一的区别之处就在于，其用来解释和论证现象普遍性的哪些条件不是由直接观察得出的，而是归纳出的。我们知道它与社会场景的本质有关，但却不知道和哪些场景有关，以及如何相关。

12. 人们可能会说，所谓正常类型并不是我们能够实现的最高目标，如要超越这个目标，就要超越科学。我们在此不需**专门**（ex professo）回答这个问题，只需要指出：（1）这种质疑完全是理论上的，因为实际上正常类型或健康状态已然难于且真的实现，那么还去幻象什么更好状态就没有必要；（2）客观上最有用的改良并不在客观上最被希冀着，因此如果这种改良不符合任何一种潜在或现实的倾向，它就并不会增大快乐，而如果它迎合了某种倾向，那么事实上更好的正常类型就没有被实现；（3）最终，要改进正常类型，就必须首先知晓它。因此我们在任何情况下都不可能超越科学去设想一个改进可能。

13. 并不能由于犯罪是正常的社会学现象，就因此认为犯罪者是在生物学和生理学角度上正常构建起来的个体。这是两个不同的问题。当我们在后面谈到心理事实和社会学事实的区别之时，就能更好地理解这种差别了。

14. 比如污蔑、侮辱、诽谤、欺诈，等等。

15. 我们也曾经在谈到罪犯时，由于没有采取我现在说的这些准则而犯过此类错误。(*Division du Travail Social*, p. 395, 396.)

16. 此外，不能因为犯罪是正常的社会学事实，就认为犯罪不应被痛恨了。痛苦同样也不是人们希望的东西。社会憎恶犯罪就像个体憎恶痛苦一样，但是痛苦却揭示了正常的生理现象。痛苦不仅必然地由生命体的构建所带来，还成为生命的一种具有效用的东西，出于这种效用，它不可被替代。因此，认为我是在替犯罪辩护，这将是对我思想的一种不折不扣的误解。当我们致力于客观地研究道德事实并以非日常的语言表述它们时，我们也不知道这会带来什么奇怪的指责或被误解到什么程度，对于这类解读我甚至不想去争辩了。"认为我是在……不想去争辩了"在原始版本中不存在。

17. 参考 Garofalo, *Criminologie*, p. 299。

18. 根据本章所阐述的理论，人们有时会得出这样的结论：按我们所说，在 19 世纪犯罪的上升是一种正常现象。再没有比这更偏离我的意思的了。我在关于自杀的研究(*Le Suicide*, p. 420 *sqq*)中所揭示的若干事实都相反试图证明，总体上这种犯罪的上升是一种病态。然而，某种形式的犯罪在一定程度上的增长也有可能是正常的，因为文明的每个状态都有其自身所限定的犯罪。但我们就此只能形成一些假设。(这条注释在 1901 年版本中被加入。)

第四章
与构建社会类型相关的准则

仅当社会类属是给定的之时，才能在与之相关的情况下确定某个社会事实属于正常抑或反常，因此这就暗示了社会学需要一个分支去专门研究社会类型的类属构建和划分。

社会类属这个概念还给我们提供了一个非常具有优势的中间项，来对我们头脑中长期存在的两个有关群体生活的相反概念进行区分，我要说的就是历史学家的唯名论[1] 和哲学家的极端实在论。对于史学家来说，诸社会都有彼此异质的独特性，它们之间没有可比较性。每个群体都有其自身的面貌、它独特的构成，它自己的法律、它自身的道德、只适合于它自己的经济组织，而所有的普遍化努力多少都是不可能的。而对于哲学家来说则相反，所有被我们称作部落、城邦、民族的特定的群体，都无非是些没有其自身实体的偶然而暂时的组合。只有人性才是实在的，整个社会进化都是出于人在本质上的普遍属性。对于前者来说，其结果就是，历史只是一系列前后相继的事件，而它自身并不进行再生产；对于后者来说，这些事件本身既没有价值也不带利益，它们只是对嵌入人的构建且支配全部历史发展的普遍法则的反映。对于历史学家而言，对某个社会有益的东西并不能移植到另一个社会上去。健康状态的条件按照人群的不同而不同，因此无法被理论化地界定，这是一个关于实践、经验和摸索的事情。而对于哲学家来说，这样的条件一经算出就放之四海而皆准，对所有的人都有效。那么看起来社会实在要么只能成为一种抽象而宽泛的哲学的对象，要么只能成为纯粹描述性的专题志（monographie）的对象。但是，只要我们承认，在历史上的社会的这些混乱的诸象以及抽象的唯一的人性观念之间还存在着中介，即不同的社会类属，我们就能从这种二选一中一劳永逸地摆脱出来。实际上，类属这个概念已然将所有真正的科学研究所要求的统一性和事实所给出的多样性这两个概念结合起来了，因为类属对属于它的每个个体都起到表征作用[2]，并且另一方面，类属之间又是不相同的。诚然，道德制度、法律制度、经济制度，等等，这些都是不停地演变的，但是它们的这种演变都不会是科学思维无法关照于其上的。

孔德就是误解了社会种属的存在才会将人类社会的总体进步与某个特定人群的进步当作一回事，认为"在这个特定人群身上也会观念性地体现所有不同人群的一连串可观测的变化"[3]。实际上，如果只存在唯一的社会类属，那么诸社会之间的差异则只会是程度上的，这些不同的具体社会就多多少少会完全再现这个唯一类属的构建，而这些社会也就或多或少完美地表现了人性。[4]但相反如果从质上就存在完全不同的社会类型，那么无论我们将它们如何混在一起，都做不到像在集合法则之下让同质的若干部分相互结合那样。这样，历史发展也就失去了人们向它赋予的那种过于简单和理想化的统一性，可以说，历史发展分解为若干段，并且由于这些段之间的差异极其巨大，那么它们就不可能以一种承继的方式彼此相联系。帕斯卡的那个经典隐喻虽为孔德所引用，这样看起来也就是错误的。*

但又要根据什么来划分这些社会类属呢?

——

初看起来,在开始时没有别的办法,只能去对每个个别社会展开研究,以尽可能准确和完整地对每个个别社会做出专题论述,然后将这些专题研究进行比较,来看看哪些是这些社会之间彼此相一致的东西,哪些又是有差异的,然后再按照承继和差异的相对重要性来将不同的人群分到相似或相异的组别里。人们采取这种方法,并将其看作是基于观察的科学所唯一可接受的方式。实际上,类属无非是对个体的概括,因此,如果不

---

* 孔德在《实证精神的话语》(*Discours sur L'Esprit Positif*, 1842, Edition Jean-Marie Tremblay, 2002, p. 42.)中曾引述帕斯卡的名言:"在人和不同时代的承继中出现的是相同的东西,以至于在如此长的世纪更替中,人的相继应被看作一个同类的人的相继,人被替代又总是承继地被替代"。(Pascal, *Fragment d'un traité du vide. Pensées et Opuscules*, éd. L. Brunschvicg, p. 80.)而在另一本著作中,孔德说:"从泰勒斯到帕斯卡,每个真正的思想家都通过一种神秘的预感来同时发展几何和道德,将它们放置在一个更大的秩序等级中,并最终将它们彼此融合。" [Comte, *Catéchisme Positiviste*, (1852), Edition Jean-Marie Tremblay, p. 74.] ——译者注

从描述每个个体，且要描述它们的全部因素来开始，我们还能如何构建分类呢？这难道不就是一条先观察个体，先观察每一个特性，然后再上升到普遍的准则吗？正是出于这样的原因，有时人们认为应该把社会学推迟到无限远的时间之后，要等到史学针对特定社会的研究先带来比较客观和可用于比较的确凿观点之后，再开始社会学研究。

但实际上，这种谨慎只在表面上是科学的。实际上，认为科学只有在研究完所有事实之后才能以再现的方式去揭示法则，或是科学只能在对所研究的个体在整体上进行描述之后才能形成属的概念，这些想法都是不准确的。真正的实验方法主张拿培根所说的决定性的（décisif）或关键的（cruciaux）事实[5]替换掉那些寻常的事实，这些关键事实的存在不是因其数量众多，而是因其所具有的科学价值和意义；而那些寻常事实之所以具有证明上的效度，只是因为其众多的数量，因此，它们能带来的结论也就总是可疑的。当研究被用来建立种属划分之时，这种方法就尤为必要。这是因为把每个个体都具有的特点全部采集起来，这是一个不可能完成的任务。每个个体都是无限的，而无限是不能穷尽的。那么，我们只需要那些最根本的属性就行了吗？但又要根据什么原则来选取所谓根本属性呢？这时就需要一个能够用来统摄个体的标准，而即便是最完美进行的专题志研究也无法给我们提供这样一个标准。甚至不需对事物做严格分析，我们就能预言：作为分类基础的特征越多，就越是难以让在特定情况中以特定方式组合起来的特征显示出事物之间真正的相同和差异，而这些相同和差异才是划分群组和次级群组的标准。

但即便采用这种方法的分类是可行的，它也含有巨大的缺陷，它无助于揭示如是存在的原因。实际上，分类的首要目的在于将无限的个体压缩为有限的类别，以此来简化科学工作。但如果这样的分类只能建立在所有个体都被审视且全面地分析之后，那么这样的分类也就不再具有优势了。如果只是对既有研究进行缩略汇总，那么它对于科学研究来说就不怎么有利。只有当分类可以让我们对其他特征而不是基本特征进行划分时，只有当分类给我们提供架构以区分未来的事实时，这样的分类才是有效的。它的角色意义是让我们掌握一些标准，以将其他一些观察与提供了标准的这些观察进行对照。但为此，就不能参照所有个体特征的全面清单去建立分类，而只能参照个体特征中经过精心选择的一小部分去构建分类。这样一来，分类就不只是致力于给已有认识带来一些秩序，而是致力于建立认识。由于它给观察者提供了指导，因此就带来方法选择上的便利。一旦在这个原则之下建立了分类，就不再需要对某种类属的所有社会进行观察，才能确定某个事实是否属于这个类属的普遍状态了，只需要对类型中的若干社会进行观察就足矣。因此，在很多情况下，一次足备的观察就够了，同样，往往一次精心组织起来的经验研究就足以确立一条法则。

因此我们必须选择最为根本的特征来满足我们的分类。诚然，只有当对于事实的解释已经足够有进展时，我们才能够认识这些根本特征。科学的这两个方面是既相关又相互促进的。然而，即便没有深入对事实的研究之中，也不难推测应从哪一方面去开展对社会类型的特征属性的研究。我们知道，实际上社会是由一些相互补充的部分组成的。既然合成物的本质必然取决于构成它的那些因素的本质、数量以及构成方式，那么这些因素的特质就显然成为我们需要参考的基础，实际上，我们会看到，在后面我会指出，这些因素正是社会生活的普遍事实所赖以形成的东西。另一方面，由于这些因素是属于形态学序列上的，我们可以将致力于构建和划分社会类型的社会学研究称为**社会形态学**（morphologie sociale）。

我们还能进一步推进划分的原则。我们知道，实际上，任一社会的构成组件都来自比这个社会更为简单的社会。任何一群人都是由过去的两个或数个群体的汇聚而形成的。那么如果我们了解了曾经存在过的最为简单的社会，我们就只需要去看这个社会是如何组织起来的，它的构成部分之间又是如何相互运作的，就能够按此完成对它的分类。

二

斯宾塞先生十分清楚，对社会类型的全面分类不可能存在别的基础。

"我们已经看到，"他说，"社会进化是从简单的小团体开始的，通过若干小团体汇集成更大的团体，社会进化得到了发展，当较大的团体稳定下来之后，它们又与相似的团体聚合成为更大的体。我们因此要从最原初，也即最简单的社会开始进行分类。"[6]

不幸的是，要将这一原则用于实践，就必须从严格定义什么是所谓简单社会开始。对于这样一个定义，斯宾塞先生不仅没有给出过，而且认为基本上是不可能给出的。[7]这是因为，他所理解的简单根本上是指组织的某种不精细。但他并不能精确说清楚，对于什么时候来说，社会组织是简陋的，以至于要被归为"简单"；这只是一个意见上的表达。同样，它给出的评价规程是如此的飘忽不定，以至于所有的社会都可以被纳入其中。"我们只能，"他说，"将自己构成一体而不与其他社会发生联系的社会当作简单社会，这样的简单社会的各组成部分之间出于某种共同利益要么存在着中央调节单元，要么不存在中央调节单元。"[8]但符合这种条件规定的所在多有。这样一来，多少出于偶然，他就在这个类目下混进了所有的未开化社会。既然出发点是如此的，我们就不难想象他的整个分类体系会是什么样子的了。我们从中看到，最让人吃惊的，是将最为不同的社会混在了一起，荷马时代的希腊和10世纪的采邑制社会被摆到一起，一齐置于博茨瓦纳人、祖鲁人和斐济人之下，雅典城邦联盟被放在13世纪法国的采邑制社会边上，处于易洛魁人和阿劳坎尼亚人*之下。

　　所谓简单，只有在表征某一部分的完全缺失时才会有意义。所谓简单社会因此应被理解成不包含其他社会、比其他社会都简单的社会，它不仅是现在被简化成一个唯一的部分而已，而且必须不带有过往在部分方面曾经有过分化的痕迹。我在别处[9]曾经界定过的**斡尔朵**（horde）就完全符合这个定义。它是这样一个社会聚合体：它不包括也不曾包括任何更基本的团体，而是直接分解为个体人。这些个体人在整个大群体里不再组成更专门的群组来与这个大群体相区别，而是原子式地并列摆放。我们认为，不会有比这更为简单的社会了，它是社会领域的原型（protoplasme），因此也是所有分类的自然基础。

　　诚然，在历史上不可能存在完全呼应这种特征的社会，但是如我在前面提到的著作†中所指出的那样，我们知道一些连续的社会形态，它们是由斡尔朵的翻版直接且无其他中介地形成的。当斡尔朵成为一个社会环节

---

*　易洛魁人是北美印第安人的一支。阿劳坎尼亚人是居住在南美洲南部，今阿根廷和智利境内的美洲印第安人。——译者注

†　指《社会分工论》。——译者注

而不是全部整个社会时，它就改变了名称，从此叫作氏族，但它也同时保存了原有的构建特征。氏族实际上就是不能再被细分为更小团体的社会聚合体。人们或许会说，就我们今天所见，氏族总体上是由诸多特定的家庭构成的。但是首先，出于我在此无法详述的原因，我们认为这类小规模的家庭团体是在氏族形成以后出现的；其次，这些家庭严格意义上还不能成为社会的构成部分，因为家庭不满足政治上的划分。而氏族则在所有我们遇到的情况中都是此类划分的最小单位。因此，即便我们没有事实来预设斡尔朵的存在——其实是存在的，如有机会我将对其进行阐述——，或是来预设由斡尔朵间的联合而形成的氏族的存在，我们也能有理由假设，可被简化为确如斡尔朵其名的那些简单社会是存在的，由此，它就能被当作是所有社会类属的根源。

一旦提出了斡尔朵或只具单一部分的社会这样的概念——这样的概念应由历史现实或科学预设来给出——，我们就有了一个必要的支点，从它出发就可以去建构有关社会类型的全部阶段。斡尔朵有多少种方式去相互组合而形成新的社会，我们就有多少种社会的基本类型，而新形成的社会以多少是新出现的方式相互组合而形成更新的社会，我们就会又多出多少种基本类型。我们首先遇到的是由对斡尔朵或说氏族（氏族是给斡尔朵起的新名称）的简单复制而形成的那些群体，在这时，不存在处在个体和囊括了他们的整个群体之间的任何中介群体，去将诸氏族联系起来。这时诸氏族是并联摆放 * 的，就像斡尔朵中的个体人那样。在部分的易洛魁部落和澳大利亚土著部落中可以看到这样的社会的实例，我们可以将这样的社会称为**简单的多重分段社会**（sociétés polysegmentaires simples）。阿尔奇人或卡比尔 † 部落也有相同的特征，这是一种诸氏族之间的联合，而其中的每个氏族都以村落为基本形式。十分相似的是，在历史上的某个时期，罗马的**库里亚** ‡（curie）和雅典的**弗拉提** §（phratrie）都曾是从属于这个类属之下的社会。在这之上的是对此类社会进行混合而形成的社会，

---

* 所谓并联摆放指的是属于同一层次的个体之间是割裂的，相互之间没有任何联系，而他们有可能同样与一个更高水平的对象相联系。——译者注

† 即生活在阿尔及利亚卡比尔地区的柏柏尔人。——译者注

‡ 库里亚是早期罗马的组织形式，每个库里亚都是基于血缘和氏族的，然后由十个库里亚组成一个部族，整个罗马被分为三个部族，即三十库里亚。在重大会议上，每个库里亚代表一票。——译者注

§ 弗拉提即血族或胞族，是古希腊部落组织形式中的一个分段。三个弗拉提组成一个氏族。——译者注

也即**简单混合的多重分段社会**（sociétés polymentaires simplement composées）。这就是易洛魁部落联盟或由卡比尔部落构成的部落联盟等，具有同样来源的还有日后构成罗马城邦的那三个库里亚部族。再之后，我们遇到的就是**双重混合的多重分段社会**（sociétés polymentaires doublement composées），它是由数个简单混合的多重分段社会并联摆放或相互混合组成的。诸如城邦、由库里亚联合所形成的部落之间的联合体，都是这样的，这里的库里亚本身就可以再还原成**血族**（gentes）或氏族；属于这种类型的还包括日耳曼部落，它又包括数以百计的伯爵领，而每个伯爵领又包含众多最终以村落形式体现的氏族。

　　由于此处不是要专门去研究社会的分类，我们就没有对上述问题做进一步的阐述或更深入的挖掘。这是一个十分复杂的问题，像这样附带说一下是不能支持对这个问题的讨论的，相反，讨论必须以长期和专门的研究为前提条件。我们只是希望通过若干例子来指出这样的方法原则应被如何应用。也不能把上述观点作为对低等社会的全面分类。为了使它们看起来清晰，我做了相当大的简化。实际上，我们还假定认为，每一种高等类型都是对同类型社会（即这个社会的直接低等类型）的复制而实现的。不过，下述状况也不是完全不可能：由社会类型的谱系树上处于不同高度的不同类属社会之间相互组合从而形成了属于新类型的社会。我们至少知道一个这样的例子，这就是罗马帝国，在它里面包含了具有完全不同本质的不同民族。[10]

　　但是，这些类型一经确认，就需要在它们内部按照最终形成了社会分段上的差异去区分不同的变种，这些属内的变种要么还带着某种个体性，要么相反在人群的整体中被消弭。实际上，我们知道，社会现象必定是演变的，这不仅是由组成它的那些因素的本质所带来的，还与组成方式相关；由于每个作为部分的群组既带着局部生命特征，又部分地融入整体生活之中，也即，或多或少地集中，因此，这两方面上程度的不同导致了社会现象是彼此不同的。其结果就是，我们要研究的就是，在某个给定的时刻这些分段是否完全融合了。当组成社会的原始部分不再对社会的构成起到行政和政治方面的影响，我们就可以由此判定，完全的融合出现了。由此可见，城邦和日耳曼部落是完全不同的。对于日耳曼部落来说，虽然处于持续的衰落中，但作为基础组织的氏族直至部落历史的消亡都在持续发挥作用；而在罗马或雅典，血族很早就变成私人团体而不再作为政治区分而起作用了。

在如此构建的框架内部，我们可以继续按照次级形态学的特征去划分新的区别。但我们认为，这些新的区分无法超越前面提到的总体区分所确认出来的结果，对此，我将在后面进行原因上的说明。再说，我们也没有必要陷入具体的细节中去，在此只需要给出与分类相关的原则就可以了，那就是：**我们从诸社会所展现出的融合程度出发，来开始划分各种社会，社会的基础类型就是完全的简单社会或说单一分段社会；在每一个分类的内部，我们按照原初的那些分段是否完美融合来辨认不同的社会变体。**

三

可能会有读者认为，我们没有直接辨认出社会类属的存在，却又认为社会类属是存在的，这是一个问题。而上述准则潜在地回应了这个问题。我上面所示方法的原则里就有关于此问题的证明。

我们刚才看到，实际上，所谓诸社会只是对唯一的那个作为来源的社会的不同配比。只是，同一个因素不可能自我配比，而诸因素在相互组合的可能方式上又是有限的，特别是当参与配比的诸因素数量不大时就更是如此。这就是社会的若干个"段"面临的状况。因此，可能的配比范围是有限的，以至于它们之间肯定就会出现重复。这样，就出现了社会类属。此外，一些配比方式也完全有可能只出现一次，但这并不妨碍其作为一种社会类属而出现。在这种情况下，我们仅仅会认为，从属所具备的属性上来讲，这个类属只包含一个个体。[11]

因此，与生物学上存在类属概念的道理一样，也存在着社会类属。实际上，生物学上的类属是按照解剖学上的同一个单位在差异化的配比上形成了不同的组织这一事实而确定的。从这个角度出发，社会学跟生物学又存在较大的差异。在动物身上，确实有一个特别的因素与其他因素相区别，它带来了特殊的抵抗力，这就是代际传承（génération）。由于生物学上的因素是贯穿在整个传承线路上的，因此它强烈植根于组织之中。这些因素也就不怎么会受到个体在环境中的相应行动的影响；反而，无论外部环境是怎样的，都固定保持它自己的形态不变。因此，即便来自外部的刺激使得演变变得可能，它也还是会存在一种内在力量来克服这些刺激，这就是遗传习惯这一力量。这也是我们能够对其进行清晰定义和明确说明的原因。而在社会序列中，这样的内在原因是不存在的。它不可能由代际来强化，因为它只存在于某一代之中。实际上，原则上说，新出现的诸社会与孕育了它们的诸社会并不是同一类属上的，因为后者在相互配比时就已然形成了全新的布局。恐怕只有殖民可以与胚胎发育进行类比，但为了使类比精确，还需要使殖民者不能与其他社会类属进行任何混合，殖民者的社会也不能有任何改变。

与种属有差异的品质因此不能通过遗传而得到力量上的增强，从而抵御个体的变化。它会在环境的作用下不停地改变；那么，当我们试图掌握这些社会的类属特征时，每当我们排除掉那些遮蔽其属性的演变因素之后，我们得到的往往只是一个不怎么清晰的剩余物（résidu）。各种特征上的复杂性越大，这种不确定性自然就越大，因为当一个物越复杂时，组成它的各种部分越是有可能以不同配比的方式来组成它。那么，在最普遍或最简单的那些特征之外，社会类属的特定类型并不具有生物学上的那种清晰明显的轮廓特征。[12]

注释

1. 之所以这么说，是因为历史学家中常出现唯名论者，但我并不是说所有的历史学家都是唯名论者。

2. "属于它"又作"体现了它"。(*R. P.*, p. 599.)

3. *Cours de Philosophie Positive*, IV, p. 263.

4. "表现了"又作"体现了"。(*R. P.*, p. 599.)

5. *Novum Organum*, II, § 36.

6. *Sociologie*, II, p. 135.

7. "我们并不总能说清楚简单社会是如何构成的。"(*Ibid.*, p. 135, 136.)

8. *Ibid.*, p. 136.

9. *Division du Travail Social*, p. 189.

10. 但确实，通常情况下作为组成部分而出现的诸社会之间不能存在太大的差异，否则，他们就无法形成任何的道德上的共识。

11. 罗马帝国难道不就是这样的吗？它在历史上似乎是独一无二的。

12. 在本著作初版的这一章中，我对按照文明状态进行社会类型划分的方法未置一词。实际上，那时除了孔德过时的分析之外，可能就没有主要社会学家提出过此类划分了。从那时开始至今，已有若干著作在这个方向上取得了进展，特别是 Vierkandt ("Die Kulturtypen der Menscheit", in *Archiv. f. Anthropologie*, 1898), Sutherland (*The Origin and Growth of the Moral Instinct*), Steinmetz ("Classification des types sociaux", in *Année sociologique*, III, p. 43—147)。但是我们在此不把注意力放在这些讨论上面，因为它们回应的不是本章的问题。我们在这些讨论中看到的不是社会类属，而是完全不同的历史阶段差异。法国从最初到今天经历了若干非常不同的文明，从农业文明开始，然后过渡到手工业和小商业文明，然后是制造业，最后则是大工业文明。但并不能因此认为，同一个群体性的实体会再三再四地改变其类属。类属应该取决于最恒常的那些特征。经济状况、技术状况等表征的是过于变动和过于复杂的现象，因此不能作为分类的基础。完全可能出现这样的状况：同样的工业、科学、艺术文明水平出现在先天构成完全不同的诸社会之上。日本也能引进我们的艺术、工业甚至政治组织，但它与法德终归属于不同的社会类属。让我再补充一点，上述那些努力无论出自多么不凡的社会学家，也只是带来了一些模糊、可疑和不怎么好用的结果。(此条注释于 1901 年版被补入。)

第五章
与解释社会事实相关的准则

但是构建种属差别首先是一种对事实进行重组，以便于阐释的方法；社会形态学就是向科学真正具有解释力的那一部分前进。那么科学的专属方法又是什么呢？

一

大多数社会学家相信，一旦指明现象服务于什么，扮演什么角色，就算是把现象解释清楚了。他们认为，人们只是为满足这些角色而存在，除此无他；同时，除了或清晰或模糊的那些使人们被感召来满足角色的感受之外，人们也不会再受别的因素的影响了。这就是为什么，当人们建立了关于这些作用的现实，并且指出这些作用满足了什么样的社会需求时，人们就认为完成了理性思考的所有必要条件。正是出于此，孔德才将导致人类进步的所有力量都归结于"直接促使人类来不断改进其各方面的生存条件"[1]；对于这个基础性的趋势，斯宾塞先生则认为存有一个更高的幸福。正是本着这个原则，他才通过协作带来的好处来解释社会的构型，通过军事协作[2]的普遍化所产生的效用来解释政府机构的产生，通过逐渐向好的父母、子女和社会的需求关联来解释家庭的变迁。

但这样的方法混淆了两个截然不同的问题。指出一个事实是有用的，这并没有回答它是如何产生的，也没有回答它如何成为其所是。因为事实得以发挥的功效虽然意味着事实所表征的独特属性，却不能因此产生事实。我们对某个事物的需求并不能使这个事物成为某种样貌，因此，并不是需求本身从无中生产出有，并使其成为其所是。还存在着别的类型的原因，以使得事物如是地存在。我们对于事物带来了有用性方面的感受，这可以极大地彰显事物并造成后果，但是这样的感受并不会从无中生造出后果。无论是对于物质现象还是对于心理现象，这个论断都是有效的。如果社会事实不因其极端的非物质性错误地让我们觉得它完全没有了内生的实在性，那么在社会学上这一条论断也是不再能被否认的。由于通过社会事实，我们所看到的只是纯粹精神性的关联，那么看似只要我们具有关于社会事实的观念，至少，只要我们觉得这样的观念是有用的，社会事实就自动被产生了。[3] 但由于每一个社会事实都是一种力并支配着我们，所以仅仅是希望或要求并不能产生出它们。还需要有能力产生这些决定性力量的力量存在，还需要有能力产生这些独特本性的本性存在。只有在这样的情况下，社会事实才有可能产生。如要唤起已经衰微的家庭精神，仅仅是让大家都知道家庭的好处是不够的，还需要直接触及家庭得以产生的原因。为了使政府获得它必需的权威，只是感到需要政府是不够的，还必须直达权威得以产生的那些唯一根源，也即传统、共治精神，等等；如此一来，还需要在原因效果的链条上向上追溯，直到找到这样的一环，在那里，人的行动有效地直接附着在其上。

能够有效指出研究中这种双重秩序的二重性的，是这样一种事实，它的存在并不服务于任何东西。所谓

"服务于"指的是，要么按照某种生命目的来被修正，要么曾经具有效用，然后又失去其有用性而只是因习惯力量的作用而存在。实际上这种苟延残喘的东西在社会中比在有机体中还要多一些。还有这样一些情况，实践或社会制度的功能改变了，但它们的本质却并没有改变。比如，"正式婚姻所承认的父亲"(*is pater est quem justae nuptiae declarant*) 这样的准则既存在于古早的罗马法中，也存在于我们今天的法律中，但是这条法律曾经的目的是保护父亲对于合法妻子所生子女的所有权，而今天则成为用来保护儿童的了。再比如宣誓，最初它只是一种司法效验，然后逐渐变成了一种庄严的形式，用于包含所有性质的见证。基督教的宗教教义在过往的几个世纪里没有变化，但是它在我们的现代社会和在中世纪中却不扮演同样的角色。这就像被用来表述新的概念的词一样，它们的语法结构并没有变，却表述着新的东西。此外，器官独立于功能这一表述，也即，同一个器官可以服务于不同的目的，这对于社会学和生物学都同样适用。这就意味着，导致器官存在的原因是独立于器官所服务于的目的的。

另外，我不是要说，人类的取向 *、需求和欲望永远不以积极的方式参与社会的演化。相反，以作用于社会事实得以存在的条件为方式，它们完全有可能参与社会事实，促进或阻碍其发展。只是，非但它们在任何情况下都不能从无中创造出有来，而且它们的介入无论产生了什么效果，都不能取代导致了社会事实的那些原因。[4] 事实上，即便只是在一个很局限的程度上，某种取向如要想产生新的现象，就只能因为这个取向本身就是新的，要么是从头到尾全都是新的，要么是从原有的取向上进行了某些转化。这是因为，除非去假设一种完全是神谕式的预定的和谐，否则我们无法认同，从人的起源开始，人就获得了某些取向。人具有这些取向，并以一种潜在但随时准备作用到他的环境以期实现的方式，去在人类的后续演变过程中看准时机去施行这些取向。但取向本身也是一个物；它不会仅仅因为我们评价它是有用的就自己构建或改变。它是一种有其固有本质的力，而这种本质要被发现或改变，并不能仅仅依靠我们发现了取向所具有的一些优点。要确定变化，就需要确定实实

---

* 这里和下面的取向指的是人们有选择性的行事倾向。之所以翻译成取向，是用来区别事物发展走向意义上的趋向或趋势。——译者注

在在作用于取向之上的原因。[5]

举例来说，我们在解释社会分工的永恒过程时曾经指出，这样的分工保证了人们在随着历史演进而出现的新的存在条件中可以自我维持。因此我们在解释中为这个取向，这个多少是被不适当地称为人的自我保存本能（instinct de conservation）的东西，赋予了重要的角色。但是首要需要指出的是，即便是最简单的专业分化过程也不能被这个因素来单独解释。这是因为，假如分化现象尚未实现，也就是说共识和遗传的逐渐松动尚未造成个体的差异的话，那么上述取向本身也毫无意义。[6]同样，首先必须存在工作分工，然后它的有效性和对它的需求才能被感受到；那么，就只有个体差异的增长这一个因素必然性地导致了分工的出现，这种增长伴随着的是在品味和禀赋上最大的差异化。但是，人的这个自我保存本能也不是自发地、无原因地造成了专业分化过程的出现。如果说人的自我保存本能朝向，并且把我们也引向这样一条新路，这是因为首先，它在过去走过并且引导我们走过的道路已经不再通畅了，伴随着社会结合得越发紧密，竞争越发激烈，以至于从事普通任务的个体越来越难以存活下去。那么，改变走向就成为必要的了。另一方面，如果说这个自我保存本能发生了自我转向，并且使我们也越来越偏爱指向更为分工化的工作的行动，这是因为这个方向上阻力最小。其他还存在的可能性就是移民、自杀和犯罪。但一般来说，对乡土和生命的眷恋，对同类的同情，这些感受比出于习惯而拒绝更精细化的专业分化要更强烈和更有韧性。其结果就是，这样的出于习惯的抗拒每次都不可避免地让路。同时，我们在社会学解释中不拒绝给人的需求留出一席之地的做法并不会导致我们导向或是部分地导向目的论。这是因为，只有在自身也演化的情况下，需求才有可能影响到社会演化，而需求演变所带来的变化则只能通过原因来解释，对于这些原因，并不存在什么目的。

但是，比上面这些论述更有说服力的，还是有关社会事实的实践。目的论所支配的地方都多少受着偶然性的支配；这是因为即便假设所有人都处于相同的环境中，也不可能出现所有人都必然会有的目的，更不存在此类所有人都会有的方法。即便处于相同的场景中，每个个体都会按照自己的性格去采取自己最喜欢的方式。有的人会寻求改变场景，以期场景与需求达成一致；另一些人会改变自己和降低自己的欲望，为了实现同一个目标，有这么多不同的可能方法，而且这些方法都是现实的！因此，如果说历史的发展确实是面向某些清晰或模糊感受到的目的的，那么社会事实则表现出了无尽的多样性，以至于所有的比较都成为近乎不可能的。然而情况与此正相反。无疑，那些构筑了社会生活表层的人为的外部事件确实是因人群而不同的。就像即便人们的生理和道德构造的基础是一致的，但是每个个体都有其独特的经历一样。但事实上，只要我们稍微接触一下社会现象，我们就会发现，与上述状况正相反，在相同环境里，社会现象以令人吃惊的规律性自我生产着。即便是那些最细小、最幼稚的事件也以一种令人吃惊的一致性反复出现。比如，一些看起来完全是象征性的婚礼仪式，如抢亲，在家庭参照某种类型与政治组织相联系的地方，这样的婚礼仪式都广泛存在。一些最怪异的风俗，比如拟娩（couvade）*、收继婚（lévirat）、外婚制，等等，这些现象在各种族群中都能观察得到，并且都表征了某种社会状态的症状。立遗嘱权产生于历史上的某个给定的阶段，从它具有的限制力度的大小，就能够判

---

* 丈夫模仿妻子分娩及之后的产期的文化现象，广泛分布于世界各处，从西西里到中国、南北美洲都有分布。——译者注

断出人们处于社会演变的什么时期。还可以轻易举出很多此类例子。但是，如果在社会学上，以目的因作为主要解释，那么这些群体形式的普遍性就得不到解释了。

因此，当我们试图解释某个社会现象时，必须分别研究导致了这个现象的原因和它填补的功能。我在这里之所以要用功能一词而没有用目的或目标，是因为一般来说社会现象并不是面向它所导致的有用结果而存在的。需要确定的，是在观察到的事实和社会机体的普遍需求之间是否有对应关系，以及这样的对应表现在哪些方面上，而不用操心去知道这样的对应是否符合我们的意愿。而且所有关于意愿的说法都太主观了，无法被科学地研究。

原因和功能，这两个序列的问题不仅需要被分开研究，而且一般来说应该先研究前者再研究后者。这种次序实际上也符合事实的次序。当然应该先研究现象的原因，然后才研究它的效果。这样的做法也符合逻辑，因为一旦第一个问题得到了解决，就有助于解决第二个问题。事实上，原因与效果之间的关系具有一种相互性，但这个相互性还没有被充分认清。无疑，没有原因的话，效果不可能存在，但是反过来，原因也需要它的效果。确实是原因产生了能量来推动事实，但是效果也反过来借机修正原因，其结果就是，在不受原因影响的情况下，效果不可能自己消失。[7] 比如，导致惩罚出现的那种社会反应源于被犯罪触犯了的群体情感的强度；但另一方面，惩罚又有有益的功能，这就是使群体情感维持在某个强度上；因为一旦犯罪不受惩罚，群体情感就会减弱。[8] 同样，随着社会环境变得越来越复杂和流动，原来的传统和信仰都开始动摇，变成一种更为不定和灵活的东西，而反思能力却在发展；但是这种反思能力无论是对于社会还是对于个体来说都是必不可少的，否则就无法适应更为变动和复杂的新场景。[9] 伴随着人们必须从事越来越高强度的工作，此类工作产出的产品变得越来越多且品质越来越高；但产品越来越丰富和越来越高级也必须依仗工作的更加繁重。[10] 由此可见，社会现象产生的原因绝对不存在于对它所肩负的功能的那些属于精神层面的预期之中，相反，至少在多数情况下，功能是用来维持已经预先存在的导致了自己的原因的，因此，如果原因已然揭晓，那么寻找功能就是十分容易的了。[11]

但是，我们只在第二位去确定功能，这并不意味着它对于完整解释现象是非必要的。实际上，虽然事实的效用并不是事实本身，但总体上，要使事实得以维持，"有用的"这一特征也是必需的。这是因为如果它不服务于任何东西，那么它就是有害的，由此，它就什么都不能带来。如果社会现象总体上都具有这样的寄生特征，则有机体就会被透支，社会生活也就不再可能了。因此，要想对社会生活做出令人满意的解释，就必须指出诸社会现象是如何相互促进，以使社会达到和谐，并与社会之外的世界达到和谐的。无疑，将生命定义成"内在场景与外在场景之间的对应"这样的流行做法是不严谨的，但这个说法总体上还是正确的，因此，为了解释某个生命序列的事实，仅仅指出它所依仗的原因是不够的，至少在大多数情况下，还必须找到这个事实在总体和谐上所起的作用。

二

在区别了原因和功能这两个彼此区分的问题之后，我们就应该确定解决问题的方法了。

过往的社会学家所普遍采用的方法除了基本上是心

理学的，还同时是目的论的。而这两种取向又是相互依赖的。实际上，他们认为，如果说社会只是人们出于某种目的而建立起来的有关手段的系统，则这种目的只能是个体的；这是因为，在社会存在之前，只存在着个体人。因此，正是源自个体人的观念和需求去决定了社会的构型，那么如果社会源出自个体，社会也必须被经由个体的东西来解释。此外他们还认为，在社会中除了个体意识也没有什么别的东西了，因此只有在这些个体意识中才存在着社会演变的所有根源。然后，这些人的社会学法则就只能是更为普遍的心理学法则的一个分支；对群体生活的终极解释就变成去观察群体生活中普遍的人类本性是如何运作的，那么它要么是不经事先观察而直接给出的；要么是观察完之后再附带到解释上的。

以上这段描述基本上就是对奥古斯特·孔德的方法的逐字描述。他说："由于从总体上来说，社会现象从根本上不过**仅仅是人性的发展，而不是去创造随便什么新的方面**，所以，如我上面所述，所有社会学观察可以成功揭示出的设置，就必然存在于，至少是以萌芽方式存在于，生物学预先为社会学构建起的那些早期类型中。"[12] 对于他来说，社会生活上具有支配性的事实就是进步，而另一方面，这样的进步又排他性地依仗着心理层面，即推动人去发展他自身的本性的那种取向。他认为，社会事实甚至是直接源自人的本性，以至于在历史的最初阶段，社会事实可以直接从人性中演绎出来，而不必依靠观察。[13] 确实，孔德也承认，不能将归纳方法运用于处于演化最高水平的时代。只是，这样的"不能"是出于纯粹实践性的原因的。这是由于，这时候出发的起点和到达的终点离得过于遥远了，以至于对于人的精神来说，在没有可追索的指引的情况下，有迷途的风险。[14] 但是，人的本性的基本法则与进步的永恒结果，这二者之间的关系并不是无法分析的。文明的最为复杂的形式也只是发展了的心理生活。而且，即便心理学的各种理论不足以作为社会学推理的前提，它们也是唯一可以用来检验通过归纳得出的那些论断的有效性的基石。孔德说："即便具有一切可能的权威性，即便是由历史方法推出的，任何关于社会兴衰的法则也只有在最终以某种确定的方式，无论这种方式是直接还是间接，它必须是确定无疑的，与人类本性的实证理论合理地相联系之后，才能被承认。"[15] 因此，最终的发言权仍然属于心理学。

斯宾塞也遵循着同样的方式。对他来说，社会现象的两个首要的因素就是宇宙环境和个体的生理及道德塑成。[16] 但是，前者只有通过后者才能对社会产生影响，那么后者也就成了社会演化的根本推动者。社会之所以形成，是为了使个体实现他的本性，而社会所经历的所有演变除了使个体本性上的实现变得更容易和更全面之外，并没有什么别的目的。正是出于这个原则，在开展任何一项关于社会组织的研究之前，斯宾塞先生就认为他必须在其《社会学原理》的第一部用几乎全部篇幅去研究原初人类的心理、情绪和智力。他说："社会学这门科学从社会单元出发，而这些单元受限于我们所见到的那些生理、情绪和智力方面的条件，并且包含着更早获得的观念和相应的感受。"[17] 于是他认为政治治理和宗教治理的来源分别就对应着对活人的畏惧和对死人的畏惧。[18] 他承认，社会确实一经形成就作用在个体上面。[19] 但他认为，并不能由此认为，力量直接来自哪怕最微小的社会事实。他的观点是，社会并没有因果性上的效力，社会只是在个人以"处在社会之下"这个情形中所做出的改变为中介，才能逐渐演变。因此，总是或原初或派生的人类本性才推动运转。此外，社会体作用于其成员的那些行为也没什么特别的，因为政治性的目的本身就没有什么特别的，而仅仅是个体们的目的的一种汇总表达。[20] 因此，社会对其成员的行为，只能是某种作用到了社会的个体行为的反向延伸。特别是，在工业社会这种致力于发展个体及其自然冲动的社会里，我们更是看不到社会对其成员的行动有什么目的，因为这样的社会是用来取消社会刚性的束缚的。

这样的原则并不仅仅是斯宾塞的普遍社会学学说的基础，也同时启发了众多的分支理论。比如，我们常常以父母对孩子的情感和孩子对父母的情感来解释家庭组织；以婚姻带给夫妻双方及其后代的好处来解释婚姻；以因利益受损而带给个体的愤怒来解释惩罚。由经济学家们，特别是正统派的经济学家们所解释的整个经济生活，最终都被归于一个纯粹个体的因素，这就是致富的欲望。那么，道德呢？人们把个体对自己的义务作为伦理的基础。宗教呢？宗教被看成是自然的强大力量或某些卓越人物在个体那里造成的印象的产物，等等。

但用这种方法去解释社会现象，只能造成对其的歪曲。要证明这一点，只需要回顾一下我们此前对社会现象所下的定义就够了。既然社会现象的基本特征就在于从外部对个体意识施加影响，那么个体就不可能"带来"（dériver）社会现象，因此，社会学也就不能成为心理学的分支。既然这种约束性的力量只是以力的方式，或至少是以或多或少的压力的方式来作用于我们，那就证明了它含有的是一种区别于我们的本质。*[21] 如果说社会生活只是个体存在的延伸，那么我们就不会看到它如此这般地返回到它的来源上 † 并粗暴地侵犯他了。由于个体在社会性地行动、感受和思考时所面对的权威支配着这个个体，那么就说明这种权威是某个超越了个体的产物，因此，个体才无法对其予以考虑。[22] 这种外在压力并不来自个体，因此就不由在个体身上发生了什么来得到解释。[23] 诚然，我们并非完全无法自制，我们可以抑制我们的取向、习惯甚至本能，甚至以禁止的举止来不许它们发展。但是禁止行为不应与强制的社会约束相混淆。前者的过程是离心的，而后者是向心的。前者首

---

* 作者的意思不免让人想到，既然是符合力学比喻的，那个体与社会显然就是两个不同实体之间的关系了。——译者注

† 这里的来源指的就是个体。涂尔干模仿斯宾塞的思路推进，并在此处完成悖论式的论证：如果社会源自个体，那么它就不会如此粗暴地对待作为它来源的个体了。——译者注

先出现于个体意识中，然后逐渐外扩；而后者首先出现于个体之外，然后逐渐以自身形象从外部去打磨个体。如果我们愿意的话，我们可以这样表述：禁止这个行为正是社会约束去生产心理效果的方式，但它本身不是社会约束。

个体既然不符合，那所剩的就只有社会了；因此，必须在社会的本质中去寻找对于社会生活的解释。实际上我们知道，由于社会在时空上都无限超越个体，所以社会可以用形成权威的方式将行动和思维方式强加于个体。这种强加是社会事实的特征，正是通过这种强加的压力，所有人作用于每个人。

但是人们会说，既然构成社会的唯一因素是个体人，那么社会现象的首要来源就只能是心理学上的。用这种思维，我们还能很容易地得出结论，认为有机的生理现象可由无机现象来分析和解释。实际上，无疑可以确定，组成活性细胞的只可能是一些由原初质料构成的分子。只是，这些分子结合在一起了，而正是结合本身才造成了表征着生命的新的现象，那么也就无法将胚芽回溯到组成它的任何一个因素上去。这是因为，整体并不能等同于组成整体的部分之和，它是另外的什么东西，并且蕴含着组成它的那些部分所具有的质之外的某些本质。结合过程并不像某些情况下我们以为的那样，是仅从外部把相关的一些事实及其属性拼凑起来，而不创造什么东西的现象。相反，结合难道不正是在物的普遍演化过程中持续产生新生事物的源泉吗？在低等器官和其他器官之间、在有机生物和简单的粒子之间，在有机生物和组成它的无机分子之间，除了结合过程本身之外，又有什么别的不同呢？所有这些东西说到底都由具有相同本质的因素构成，但是这些因素在这里是并联的，在那里是相互结合的；在此处以一种方式相结合，在另一处又由另一方式相结合。我们甚至可以思考，这样的法则是否也可以运用于矿物界，是否无机物之间的差异真的是来自不同的起源。

按照这个原理，社会并不仅仅是个体之和，而是由个体间的结合所形成的一个系统，它表征着一个独特的实体（réalité）并有其自身的特征。诚然，如果没有给定的个体意识，那么不可能产生群体意识；但这是必要条件而不是充分条件。还必须使这些个体意识相互结合、融合，并且是以某种特定方式相融合，因此正是这个融合过程造就了社会生活，也因此，这个融合才能解释社会生活。个体们的心灵在相互交织、相互渗透、相互混合中造就了一个存在，当然可以说这个新的存在是心理性的，但是它造就的是一个新类型的有关心理的个体性。[24] 因此，是在这个新的个体性的本质上，而不是在组成它的那些单位的本质上，才能够探寻造成并决定事实的进一步的原因。群体以完全不同于其成员在孤立时所采用的方式来思考、感受和行动。所以如果从成员在孤立时的方式出发，就完全不能理解在群体中发生了什么。一言以蔽之，在心理学和社会学之间存在着对于连续性的终结，其与在生物学与物理-化学各学科之间的差异一样大。因此，每当用心理现象直接来解释社会现象时，我们都可以确定，解释是错误的。

有人或许会说，一经形成，社会就是社会现象的直接原因，但导致社会的形成的那些原因还是心理属性的。这时，人们同意，当个体相互结合时，他们的结合可以产生一个新的生命，但又认为这个新的生命只能面向属于个体层面的原因而发生。——但是实际上，无论我们在历史上追溯多远，结合这个事实是所有事物的最大必然性，因为它是所有其他必然性[*]的来源。从我的出生起，我就必然要依附于某给定的人群。有人会说，正是在此之后，一旦长成成人，我就会同意服从于某种义务限制，以此在某个国家之内生存下去。但这种表述差异有什么意义呢，这种同意并不会取消它的强制性。接受或心甘情愿地承受某压力，都不会使它变得不再是压力。那么，这种同意又带来什么意义呢？首先，它是被迫的，因为在大多数情况下，从物质层面或道德层面，我们都无法改变自己的族属，这方面的改变往往会被当作一种背叛。[25]此种同意并不涉及过去，我们可以对过去并不同意，却正是过去来决定了现在：我不希望获得我所受的教育，但正是这种教育而不是别的东西确立了我对故乡的眷恋。最后，当未来尚不可知的时候，这种同意也不会带来什么关于未来的道德价值。我们还不知道他日成为公民后应尽什么义务，又怎么会预先接受这些义务呢？如我前面所说，所有这些义务都来自个体之外。在整个历史中，结合这一事实与其他事实具有

---

[*] 作者在这里说的必然性当然就成为规律性的东西，也因此成为人们需要遵守的东西。因此，作者在下面直接以义务为例进行说明。在理性主义的理想模板中，必然性和义务是一回事，后者只是前者的伦理学运用。——译者注

相同的属性，因此，需要以同样的方式来进行解释。另一方面，由于所有社会都持续不间断地从其他社会中产生出来，我们就可以确定，在整个社会演进过程中，从来就不存在这样一个时刻，个体可以自由地去思考是否他要参与到群体生活中来，或者去思考他要生活在这个群体中抑或那个群体中。这个问题如要被提出，就必须向上追溯到所有社会最初的那个来源上去。我们对这个问题的解决，无论其结果是多令人生疑，都不能影响到研究方法，那就是必须对历史中给定的事实进行研究。对此无需赘述。

但如要因此认为，我们主张社会学必须或可以脱离人和人的属性，那这就是一种对我们思想的奇怪的误解。相反，很明显，人类本质所具有的普遍特征进入了人类的劳动创造，而这些劳动创造又产生了社会生活。只不过，并不是这些特征创造了社会生活，它们也没有给社会生活提供独特的形式，它们只是使得社会生活变得可能。集体的表现（représentations）*、情绪和趋势

---

* 常被译作集体表象，本译本中译者按自身对文本的理解译成表现。因为中文中的表象有可能隐含着"与本质对立"的意思，而这里更多的是"可见的显现"这一意思。——译者注

等，这些并不由个别人的意识的某些特定状态作为其生成的普遍原因，这些集体表现、情绪和趋势等只是一些条件，其中蕴含着社会体之总和。无疑，只有当个体的本质并不反对时，这些条件才能实现；但这些个体本质只是一些非决定性的质料，它们受社会因素的决定和转化。这些个体本质的贡献仅仅在于提供了一种非常普遍的状态，来造就一种非常模糊，因此也是极具可塑性的状况，如果不存在其他因素的介入，则这些因素本身无法形成表征了社会现象的稳定和复杂的形式。

举例来说，在人们所面对的比他自己强大得多的力量，与他所拥有的多样且复杂的信仰、实践或物质与道德组成之间，差异是多么大。在由两个相同血缘的人所联结而成的那种同情的心理条件[26]与决定了家庭结构的法律与道德准则、这些准则规定的人际关系以及这些准则规定的事物与人的关系之间，差别是有多么大！我们已经看到，即便社会是由无组织的群氓所组成，他们之间形成的群体感受也并不仅仅可能是"不类似于"，甚或有可能是完全相反于个体情感的平均状况的。当一个社会除了此时代的行动还加上前代的行动和传统所带来的压力时，个体在其中所受到的强制就更可观了！对于社会事实的纯粹心理学解释因此就不可能不受到那些独特之物，即社会（social）之物的追问。

这种心理学方法的缺陷之所以未被多数社会学家发现，是因为他们将效果当作了原因，因此往往将一些相对清楚和独特的心理状态当作社会现象的决定性条件，但实际上，这些心理状态只是结果而已。于是，他们认为，特定的宗教性（religiosité）情感、某种最低程度的性猜忌、孝顺、慈爱，等等，这些都是人们的本性，然后他们从这些东西上去解释宗教、婚姻和家庭等。但是历史证明，这些偏好远远不是内在于人的本质的，它们要么在一些社会环境中是完全不存在的，要么在另一些社会中以某些演化形式存在，以至于我们无视所有这些差异而获得的那种遗留，那些只被当作心理来源的东西，自我收缩成了一些含糊不清且图示化的东西，它与致力于解释的事实之间永远存在无尽的距离。由此可见，这些情感只表明了群体的机能，而远不是基础。同样，我们甚至不能证明，社会性能力（sociabilité）这种倾向就其根本而言是一种人类的天性。将其视为一种社会生活的产物倒是更为自然，它被慢慢地凝结到我们之上；因为由观察可得，动物是否有可能变得具有社会性，这取决于其栖息条件是否需要它们群居。——还要补充的是，在这些明显的倾向和社会现实之间，还是存在着可观的距离。

此外，还存在一种将心理因素近乎完全剥离出来，以明确其影响范围的方式，这就是探寻种族以什么方式去影响社会演化。实际上，族群正属于一种有机-心理序列。因此，如果心理现象如人们所认为的那样是社会的归因项，那么当心理现象演变时，社会生活就应该随之演变。然而，我们并没有看到有什么社会现象是明确随着种族而演变的。当然，我们还不能说"不根据种族演变"是一条法则，但至少我们可以将其视作是我们实践中的一个常见事实。由同种族构成的若干社会却具有最多样的组织形式差异，而相似的社会组织形式又存在于由不同种族构成的社会中。城邦曾经存在于腓尼基人之中，同样它也存在于罗马人和希腊人之中，我们还看到，在卡比尔人中正在形成着城邦。父系家庭在犹太人和印度人中几乎得到了同样规模的发展，但它在同属于雅利安人的斯拉夫人中却没有得到什么发展。相反，斯拉夫人的家庭形式同样存在于阿拉伯人之中。母系家庭和氏族制随处可见。从族群角度看具有最大差异的人群之间却共享相同的法律规程和婚礼仪式，等等。既然情况如此，那就说明心理原因过于笼统，并不能对社会现象的过程进行规定。既然它不能决定是这种社会形式还是那种社会形式，那么它就不能被用来解释任何一种社会形式。确实，有一些事实被认为是由于种族的影响而造成的。特别是当我们试图解释为什么雅典的文学艺术得到了如此迅猛的发展，而罗马的发展那么缓慢和不良等诸如此类的问题时。但对事实的这种阐释只是一种古典的说法，它从来没有被完全证明；这种阐释的权威性似乎完全来自传统。人们甚至从来没有尝试过对此开展社会学解释的可能性，我敢断言，一种社会学解释完全会取得成功。总之，当人们把雅典的艺术特点归因于雅典文明的审美天性时，这与人们在中世纪用燃素来解释火，或用瞌睡虫来解释鸦片的催眠效果没有什么不同。

最终，即便社会演化真的源自人类的心理构成，我们也还是无法得知这样的演化是如何产生的，因为这样做就意味着必须承认人在本质上的某些内在的东西是演化的驱动者。但这样的驱动力又是什么呢？它就是孔德所说的驱使着人去逐渐实现其本质的那种本能一样的东西吗？但这种解释方法是用问题来回答问题，用追求进步的天然本能来解释进步，这是彻头彻尾的形而上学，最终没有证明任何东西；因为各类动物中，即便是最发达的，也没有哪一种是因为其对于进步的需要而存活的，而即便是在各种人类社会中，安于现状不思进取（又没有消亡）的也不在少数。那这是否又会是如斯宾塞先生想的那样，是对最大的幸福的需要吗？文明的形式越复杂就越是能彻底地实现它。如果是这样，就必须证明，幸福是随着文明的推进而增长的，但我在别处已然论证了采取这种假说的困难。[27] 不但如此，如果这两个预设中的任何一个得到了承认，那么历史发展就变得不可理解了，因为这时的解释纯粹是目的论的，而我们在前面已经指出，如同所有的自然现象一样，社会事实不能由它们服务于什么目的而得到解释。当我们很好地证明，社会组织在历史过程中如何变得越来越智能，如何越来越满足人们的这样或那样的基本倾向时，我们并没有证明出这些社会组织是如何产生的。它们"有用"这个事实并不能解释它们的存在。即便我们可以解释我们是如何将之构想出来的，即，将之按照服务于我们的期待的方式提前设置成规划——这已然绝非易事了——单单是我们的愿望也无法从无中生出有来。总而言之，我们承认社会组织是达到我们所追求的目标的必要手段，但问题并没有得到解决：这些手段是如何构建的，也即由什么（de quoi）和通过什么（par quoi）构建的？

我们因此得出如下准则：**社会事实的决定性原因必须在时间在前的社会事实中去寻找，而不是在个体仪式的状态中去寻找**。此外，我们很容易可以得出，不仅对于原因的确定是这样，对于功能的确定同样是这样。一个社会事实的功能只能是社会的，就是说，它的产生造成了"社会地有用"的效果。无疑，有可能会出现在反向效果上也有利于个体的情况。但是这种良性结果并不是它存在的直接原因。因此，我们可以对前述准则做如下补充：**一个社会事实的功能永远要到它所支撑的某个社会的目的*** **中去寻找**。

正是由于社会学家往往认不清这一条准则，对社会现象采取了一种过于心理学的视角，才使得他们的理论被广泛认为是含混不清、起伏不定、远离他们自认为解释了的事物的独特本质的。特别是那些非常熟悉社会现实的历史学家，他们越发强烈地感到，这样的过于宽泛

---

* 这里的重心应落在社会的，而非个体的之上。——译者注

的解释是如何无助于与事实取得联系的。这无疑也是历史学对既往的社会学常常表示不信任的部分来源。这当然不是说，关于心理事实的研究对社会学家来说不是不可或缺的。就算群体生活不是由个体生活引发的，二者之间也存在紧密的联系；那么就算后者不能被用来解释前者，它也至少有利于解释的建立。首先，如我们前面所指明的那样，社会事实无疑是有关心理事实的**独具一格**（sui generis）的加工的产物。此外，这种加工，与在每个个体意识中发生又逐渐演变成可化约为个体意识的那些原初因素（感受、反射、本能）的过程又不无可比之处。将"我"自身称为一个社会，这并非没有理由，就像将社会称作一个有机体一样也并非毫无道理，并且心理学家们长期以来就指出了**联想**对于解释精神生活的重要性。因此，对于社会学家来说，心理学上的修养相比生物学上的修养要来得更为必要，但是，要想使得这样的心理学修养变得有用，就必须在习得之后超越它，用一种独特的社会学修养来完善它。必须舍弃那种将心理学当作某种核心论点的操作方式。而社会学家面对着社会世界，他的涉猎既要发自，又要归于这个核心论点。社会学家必须以社会事实为业，无中介地直面社会事实，对于关涉个体的科学，则只需要有一个宽泛的借助即可，以备必要时借鉴。[28]

三

由于有关社会形态学的事实与生理学现象具有同样的本质，因此它们也应由我们在前面提出的准则来得到解释。无论如何，前面的全部论述可推知，有关社会形态学的事实全都在群体性生活的范围内发生，因此，它们在社会学解释中具有主导地位。

实际上，如果说像我们前面所指出的那样，结合这一事实本身就是社会现象的决定性条件，那么社会现象也必须按照结合的形式而改变，也就是说，按照构成社会的各部分的组合方式而演变。另一方面，就像解剖学的各部分因素按照它们在空间中所占的位置来构成器官的内部环境一样，社会的具有不同性质的因素结合后形成的整体构成了社会的内部环境，因此，我们也可以说：**具有一定重要性的社会过程的原初起源，要到处于内部的社会环境的构成中去寻找。**

还可以说得更准确一些。实际上，此处的场景由两类因素构成：物与人。必须明白，在诸种物中，除了构成社会的那些物质对象之外，还包括此前的社会行动的产物，比如构成法、形成的风俗、文学作品、艺术作品，等等。但显而易见的是，无论是前者还是后者都不能造成导致了社会演变的那些脉冲，因为无论前者还是后者都不能形成任何驱动力量。当然，在我们尝试做出的解释中可能包含着它们。它们实际上也在社会演进过程中占有某些权重，比如影响了社会演化的速度和朝向等；但是它们都不是社会演化得以发生的必要因素。它们是社会这一活生生的力量所作用的目标指向，但它们本身并不具有这种生命力。因此，只有属人范畴的场景才是主导因素。

社会学家的主要精力因此必须放在揭示这个场景的不同特征之上，而这些特征敏于在社会现象的发生过程中实施行动。至此，我们发现了符合这个条件的那些特征的两个属性序列：这就是社会单位的数量，或如我们前述的，社会的体量（volume），以及人群的集中程度，即前面我们提到的被称为动态浓度（densité dynamique）的东西。对于这后一个名称，不要将其视作有关集合体的纯粹物质属性的凝聚，因为如若是这样的话，当个体或由个体组成的群组因道德真空而处于分散状态的话，这样的纯物质属性的凝聚就是不可能的。要将其视作是道德上的凝聚，那么物质属性的凝聚就是道德上的凝聚的衍生品，或者在更普遍的范围上说，是其后果。那么，在社会体量相等的情况下，动态浓度就可以用由道德而非纯粹商业上的相互关系所囊括的个体数量而定，也就是说这时的个体不仅仅相互交换或陷入竞争，而是共同经历着一个共享的生活。由于在纯粹经济关系之下，人人都将他人视作外人，因此相互联系可以很持久，但又不以参与着那种共同存在为基础。越过将人们分隔开的边界去开展商业往来，这并不取消边界的存在。然而共同的生活只有通过一定数量的人真正地相互合作才能够得以建立。这就是为什么我们会说，表征了某个特定人群的动态浓度的场景是由社会各环节的结合程度来体现的。因为如果每个部分都形成一个整体，一个与别的部分相区别的个体，并通过某个界限与别的部分相隔绝，那么总体上这些部分所之间所展开的行动就只能是局限于自身场景的；而相反，如果这些部分的社会相互融合从而构成或致力于构成一个完整的社会，那么按照同样的方式，社会生活的整个圈层就会越发扩展开来。[29]

至于物质属性的浓度——至少，如果我们不将其视作仅仅是单位面积上的居民数量，而是将其视作相互交流途径和交通的发展——，那么它就**在通常意义上**与动态浓度是同步的，因此**在总体上说**，就能用来对动态浓度进行测量。这是因为，如果居民之间的不同部分希望相互接近，那么他们不可避免地需要这些可资利用来相互接近的途径；另一方面，在社会大众的不同部分之间，只有当距离不是障碍，也即距离不致相互取消之时，他们的相互关系才是可能的。当然会存在一些例外[30]，而且当我们仅用社会表现出来的物质集中程度来判定社会的道德凝聚程度时，我们就会犯严重的错误。公路、铁路，等等，这些东西对于商业所起的作用要大于对于人口相互融合所起的作用，但用它们来解释的话则又是很片面的。这就是英格兰所面临的局面。它的物质属性的浓度是高于法国的，但它在诸环节的凝聚上则是不如法国的，地方精神和区域生活的残存难消都是这方面的明证。[31]

我在他处已经指出，所有社会中社会容量与动态浓度的上升是如何使得社会生活变得日益细致，如何扩大了每个个体通过他的思想来掌握，并作用于他的行动的那个边界，如何深深地改变群体存在的根本条件。我们在此不再回到有关这个原则的应用所做的解释上，而只是加上如下补充：这项原则不但有利于弄清作为研究对象的那些非常普遍的问题，还有利于弄清一些更为特定的问题，以至于我们从已有经验中已然证明了它的精确性。当然，我们不能认为我们已经找到了在对社会事实进行解释时发挥核心作用的社会场景的所有特质。我能说的只是，至今，我们发现了这些特点，而没有发现其他特点。

但是，我们赋予社会场景，特别是与人相关的场景的这种优先性，并不意味着从中可以看到某种最终和绝对的事实，以至于在这里停下就不需要继续探寻了。相反非常明显，在历史中的每个时刻，社会场景的状态都取决于社会原因，而在这些社会原因中，其中的一些是内在于社会的，另一些则是取决于这个社会与别的社会的相互行为和反应。此外，科学并不知道严格字面意义上的第一因。*在科学看来，如果一个事实能

---

* 第一因或对第一因的探讨——即，第一哲学，都是来自亚里士多德学说的概念。指的是对世界的目的的探讨，也即形而上学。——译者注

够被用来相对普遍地解释大量其他事实，那么这个事实就是首要的。社会场景正是这种类型的因素，因为无论原因是什么，由它所导致的变化都反映在社会机体的各个方向上，而且或多或少地但又是必然地影响着所有的功能。

我们上述对社会的普遍场景所作的论述也适用于社会中的所有特定群体的特殊场景。举例来说，家庭的体量大小会返回来影响家庭本身，以使得家庭生活呈现完全不同的样子。同理，如果职业群体按照每个职业群体更细致地分布到整个空间领域的方式改变了，而不像现有状况仅局限于某个城市中，那么职业群体所采取的行动就会变得与现在的样子截然不同。普遍来说，职业生活按照职业所特有的场景究竟是紧密构建还是像当今一样松弛，这些都将变得不同。但是，特定场景中的行动并不会对更普遍的场景产生影响，因为前者是受到后者影响而不是反过来的。总是更为普遍的场景影响较特定的场景。正是更为普遍的场景对作为部分的群体施加的压力使得群体的构建产生演变。

这种将社会场景看作群体演化的决定因素的观念具

有特别重要的意义。因为如果我们不承认它，那么社会学就无法建立起任何因果关系的认识。

实际上，由于社会学序列上因果元素之间的巨大鸿沟，所以并没有社会现象可以依存的共变（concomitant）条件。这是因为，如果说外部社会场景，也即由作为环境的社会而塑造的场景，敏于带来某些行动的话，那也只是以改变或维护为目的而作用在功能上，此外，只有通过属于内部的社会场景这个中介，这些改变的影响才能被感受到。历史发展的原因因此并不存在于什么**外因**（*circumfusa*）中，而只存在于它自己的过去中。（社会学的）因果联系就是其自身发展的组成部分，而也正是这些因果联系构成了因果联系的过往阶段。现今社会生活的事件并不来自社会的现今状态，而是来自此前的事件，来自历史的既往，社会学解释因此无非是把过去和现在联系了起来。

诚然如此，看起来这么解释就足够了。人们不是常说，历史学就是致力于将事件按照相继的顺序串联起来吗？但这还是不足以设想，某个给定时刻的状态或某个文明是如何作为继起状态的决定因素而发挥影响的。前后相继而形成了人性的各个历史阶段并不是彼此派生的。[32] 不言而喻，法律、经济、政治等秩序在某个给定时期中实现的进步造成了新的进步，但是时间上在前的进步怎么能预先决定在后的进步呢？时间上在前的进步只是为了走得更远而出现的基础，但到底是什么促使我们走得更远呢？这就必须承认，存在着一种内在的趋势，正是它促使人类不断超越已有的成绩，这要么是为了全面实现，要么是为了增长幸福，而社会学的目标就是找到这个趋势的发展序列。但即便不返回到这种假说所带来的各种解释困难上，不论如何[33]，解释这种发展的法则完全不是因果预定的。因果关系实际上只能够建立在两种给定的事实之间，而我们所说的这种发展并不是给定的，它只是预设的，并由思维按照我们的构想来假设出来。这是一种为了对运动加以考虑而由我们想象出来的原动力，但一种运动的真正的动力因（cause efficiente）只能是另一个运动，而不能是此类虚拟之物。因此，我们在实验意义上所能获得的一切，只不过是一系列前后相继的变化，而在这些变化之间并不存在因果关联。时间上在前的状态并不造成现在，而只是在过去与现在的排他性的历时的关联。同理，在这种情况下，所有科学的预言都是不可能的。* 我们可以说明事物是如何前后相继直到如今的，但无法说明事物就此就会按照什么序列去演变，因为规定它们的发展的那些原因不可能科学地被给定，而且也不可能被给定。诚然，人们通常会认为演化会按照从过去而来的那条线路继续下去，但这实际上只是一种简单的预设。没有什么东西可以向我们保证，既然已经实现的事实十分充分地表现出这种趋势的本质，我们就可以按照趋势来预先判断出它未来的状况。趋势为什么一定要朝向相同的目标呢？它又为什么一定要是直线性的呢？

这就是为什么社会学家能够确立的因果关系的数量是如此的有限。除了以孟德斯鸠为代表的几个少数例子

---

* 科学预测（prévison）出于多重原因在此被翻译成科学的预言。首先，科学的预言本身在前后语境下并不只是"有关科学的"之意（所有的科学预测），而同时还包含了日常语言中"适当的""证成的"之意。其次，预测被翻译成预言，因为通过前面的论述，涂尔干主要指出，因果关系只能是两个事实之间的关系，而未来范畴的事物因为尚未发生，因此不能支持因果关系，而只能支持预判。同时，非因果的预判又属于非事实的观念序列，因此预测是不可能的。但是，涂尔干没有考虑到当代社会理论对此的一种看法，即：如果我们认识到预言在事件上是现时而非未来的，那么预言就完全是可能的。只是这时的"预"将整个认识过程从对尚未发生之事的本质的认识（预测）拉回到在现在发生的对未来的经由想象而完成的认识事件（预言）这种颇为现象学化的考虑了。出于这种细微的用词差异，译者将其翻译成预言，只是读者应留意，涂尔干本人对此并没有深入的认识。——译者注

之外，以往的历史哲学仅仅致力于发现人类发展的笼统方向，而没有将演化的诸阶段与任何共变条件相联系。孔德对社会哲学有过一些重大贡献，但他为社会学问题设置的议题与前人并没有什么不同。他著名的三阶段法则也同样不是因果关系意义上的，就算这个三阶段法则最终是正确的，法则也应是且只能是经验性的（而非孔德所主张的预见性的）。孔德的版本充其量只是对人类历史所投下的匆匆一瞥。孔德将第三阶段视为人类的最终形态，这未免太武断了。谁能说在未来不会出现别的更新的阶段呢？斯宾塞所说的支配了社会学的那种法则最终与此也没有什么不同。即便我们今天确实倾向于从工业文明中去寻找幸福，也没有什么会保证在未来我们不会到别的地方去寻找幸福。而导致他们的这种方法的普遍性和坚固性的，是因为人们总是想在社会场景中去寻找一种实现进步的方法，而不是在其中去发现导致进步的原因。

另一方面，还同样需要参考社会场景来评定社会现象的使用价值，或如前所述，社会现象的功能。在社会场景所导致的各种变化中，有助于维护与其所处的场景状态之关系的那些变化才是有用的，因为社会场景是群体性的存在的根本条件。从这个视角出发，我坚信我上面指出的观念才是根本性的，因为只有它才能解释，社会现象所具有的有用性上的特征是如何不以武断的意志为转移而发生的。实际上，如果我们将历史演化看作由某种**背后**（ *vis a tergo* ）的力量而推动的，而人只是被推到了前面的话，那么由于一个原动力可能拥有并且只会拥有一个目标，所以我们去谈论社会现象的有用性或危害时，也就只能有唯一的一个标准了。这就导致只存在唯一的一种完美对应于人性的社会组织方式了，那么不同历史时期的社会就只能是接续着比照这个唯一模式的不同程度的趋近。无需指出这种简化主义的认识与当今社会中得到承认的各种多样和复杂的社会形式是如何地不相协调。相反，如果制度只能参照其所被给定的场景来判定适合与否，那么由于场景是多样的，参照标准就也应该是多样的。由此，就可能出现彼此相互区别但都源自自身社会场景的各种不同类型。

我们上面刚处理完的这个问题与处理社会类型的构建方式的问题是紧密相连的。如果说存在不同的社会类型，这是因为社会生活首先取决于表征着某些多样性的那些共变条件。相反，如果社会事件的因果原则只存在于过去，那么每个族群都只能是其前身的延伸了，不同的社会也就失去了其自身的特性，从而仅仅变成唯一且同一的那个发展过程的不同阶段。另一方面，由于社会场景的构建取决于社会集合体的组成方式，甚至这两个术语*从根本上说就是同义词，所以我们现在就能证明，并不存在比我们前面指出的特征更为根本的特征可以用来支持社会学分类了。

现在我们必须明白，最终我们比此前更加清晰地看到，人们用外部条件和场景这两个词来指责我的方法，说我在生命之外去找寻生命的起源，这是多么的不公平了。完全相反，前述思考汇总为如下这一个观点：导致社会现象的起因内在于社会。正是那种将社会和个体分开设置的理论才该受到指责，也正是它们才配被批评为从外部解释内部，因为这些理论通过在社会的存在之外的某些东西去解释社会存在，通过不足去解释充盈，由此，它们就将整体简化成了组成整体的各个部分。我前述的各项准则几乎没有曲解生命体的各项内生的特征，而如果把这些准则运用于生物学和心理学，我们就会发

---

* 两个术语分别指社会场景的构建和社会集合体的组成方式。——译者注

现，个体生命也完全是在个体内部形成的。

四

从前面的一系列准则可以得出有关社会和群体性生活的一些观念。

在这个问题上，存在两种相反的理论。

第一种是如霍布斯和卢梭的理论，他们认为在个体和社会之间存在某种对连续的克服。人自然地与群体生活相抵触，只有强力才能让他们接受群体生活。社会目标就不仅仅是个体目标的汇聚，相反，社会目标是个体目标的反面。同理，为了使个体顺从于群体目标，就必须对个体实施某种强制，而正是在这种强制的制度内容和组织内容之中，社会构建在理想状况下得以形成。只是，由于个体被认为是有关人的唯一和独特实在，那么这些致力于约束和限制人的组织也就只能被认为是人为的造物。既然它是被设计出来用于对人施以暴力，以避免出现反社会后果，那么它就不可能是建立在人的本性之上的。它是一种人造物，一具完全出于人之手的机器，与所有此类造物一样，它成为什么样式完全是因为人希望它成为什么样式的。一种意志将它创造出来，另一种意志又要改变它。无论是霍布斯还是卢梭看起来都没有发觉，在承认个体人是机器的主人和造出的机器的最大特点正是支配和限制个体人这二者之间存在着矛盾。或者在他们看来，为了取消这个矛盾，只需要订立精巧的社会契约，从而使作为矛盾牺牲品的人们看不到矛盾就可以了。

自然法方面的理论家、经济学家和最近的斯宾塞先生则受到相反观点的鼓舞。[34] 对他们来说，社会生活从根本上说是自生的，社会因此是一种自然之物。但他们赋予社会这种属性的做法却并不是因为他们承认社会的这种自然的属性，而是因为他们将社会的基础视作是存在于个体人的本性之中。与此前的思想家一样，他们也没有将社会视作一个独属的物的系统，依靠特定的原因而自我存在。以前的思想家只将社会视作一种群俗性的协议，它与实体没什么关系，也可以说成是空悬着的，这些思想家到人心的基本本能上去寻找上述群俗性协议的基础。人自然地倾向于政治生活、家庭生活、宗教生活以及交换等，社会组织也就被认为发端于这些自然的东西。其结果就是，只要社会组织正常运转，就不需要对其强制规定。只要社会组织诉诸强制，它就不是它应有的样子，或者说社会环境已然不正常了。原则上，就只有放任个体力量自由地自我发展，只有这样才能让个体力量去社会地组织起来。

上述两种理论都不符合我们的学说。

我们确实认为强制性是所有社会事实的特征。只是，我们所说的强制并不是一种或多或少精巧的机器，让人们陷于其中而不自知。这种强制只是当个体面对决定了他的力量时表示服从的那种力量，但这个力量是自然的。这个力不指向人的意志强加给现实的那种群俗性的协议，而是阐释于现实的深处，是既定原因的必然产物。同样，为了使个体能够完全服从于这种力量，根本不需要什么人为的方式，只需要让个体意识到自己自然地处于从属和低级地位就行了，也即通过宗教使个体对这种力产生感性的、象征性的表达，或通过科学使个体对这种地位有一种适当而明确的认识就行了。这是因为，社会对照个体的这种优势地位并不只是物理上的，而且还是理智上和道德上的，所以只要正确认识到这一点，这种优势地位就根本不必害怕面对各种质疑。一旦使人们认识到，相比起个体存在而言，社会存在是多么

的丰富、多么的复杂、多么的持久，反思就能够让个体
明白，社会要求个体承认其处于从属地位的这种情感是
多么的理智，而习惯在个体心中稳固下来的那种对社会
的依附和尊重又是多么的正当。[35]

因此，指责我有关社会强制的观点只是重新编辑了
霍布斯和马基雅维利相关理论的那种批评是非常肤浅
的。但如果说我认为社会生活是自然的，这正与这两位
哲学家相反，这不是因为我们从个体的自然本性中得出
社会的来源，而是因为社会直接来自群体性的存在，并
由这种群体性的存在而获得了一种**独具一格**的本质。也
就是说，社会生活来自一种让个体意识能够相互结合并
产生新的存在形式的特殊转化。[36] 因此，如果说我同前
述之一 * 一样，认为社会生活是以强制方式降临到个体
上的，我们却又同意另外的那些学者 †，认为社会生活是
现实的自生性的产物。将这两种表面看起来相互矛盾的
观点逻辑地统一起来的，正是这样一个事实：从社会生
活中迸发出来的现实超越了个体人。这就意味着我们所

---

* 指霍布斯和卢梭。——译者注
† 指前述将社会视作自然的自然法学家、经济学家和斯宾塞。——译
  者注

使用的强制和自生性（spontanéité）这样的用词，既不是在霍布斯意义上的，也不是斯宾塞先生使用的意义上的。

作为总结，对于大多数已存的致力于理性地解释社会事实的企图来说，我们都可以加以反对，这要么是因为它们完全放弃了整个的社会制约，要么是因为仅仅假借虚假的借口来维护社会制约的存续。而我们前面提出的这些准则则相反可以带来这样一种社会学：它从整个群体生活的根本条件上去认识社会制约的精神，既将其建立在理性上，又将其建立在事实上。

注释

1. *Cours de Philosophie Positive*, IV, p. 262.

2. *Sociologie*, III, p. 336.

3. "由于……是有用的"在初版中不存在。

4. "相反，……的原因"又作"如果说它们不能从无中生出有来，它们却有可能作用在社会事实的产生条件上，促进或阻碍其发展。但此类介入也只有遇到真正的原因才会出现。"（*Revue Philosophique*, tome XXXVIII, juillet à décembre 1894, p. 16.）

5. "要确定变化……的原因"又作"但需要关于功效的描述之外的其他东西来确定此类变化"。（*R. P.*, p. 16.）

6. *Division du travail*, 1, II, chap. iii et iv.

7. 我们在这里不要讨论一般哲学问题了，这里实在不是地方。但我要指出，通过更好的研究，这种原因和效果间的相互性可以给出一种在科学的机械论和目的论之间进行调和的方法，后者暗示着一种有关生命的存在，尤其是其持存（persistance）的观点。

8. *Division du travail*, 1, II, chap. II, et notamment p. 105 *sqq.*

9. *Ibid.*, p. 52, 53.

10. *Ibid.*, p. 301 *sqq.*

11. "如果原因已然揭晓，寻找功能就是十分容易的"在初版中不存在。

12. *Cours de Philosophie Positive*, IV, p. 333.

13. *Ibid.*, p. 345.

14. *Ibid.*, p. 346.

15. *Ibid.*, p. 335.

16. *Principes de Sociologie*, I, 14, p. 14.

17. *Op. cit.*, I, p. 583.

18. *Ibid.*, p. 582.

19. *Ibid.*, p. 18.

20. "社会致力于其成员的利益而存在，而不是成员致力于社会的利益而存在：除了构成政治实体的个体所具有的权利之外，政治实体本身的权利要求没有意义。"（*Op. cit.*, p. 20.）

21. "以……的方式，或至少是以或多或少的压力的方式来作用于我们"又作："有些东西不光是外在于我们，还具有与我们不同的本质，因为它高于我们。"（*R. P.*, p. 23.）

22. "这种权威是……因而个体无法给予考虑的力量的产物。"又作："力量不源自个体，而是来自某个超越他，因而无法综合到他上面的力量。"（*R. P.*, p. 23.）

23. "因此也不由……来解释"在初版中不存在。

24. 这样，我们就知道在何种意义上以及出于何种原因，我们可以也必须去讨论一种区别于个体意识的群体意识。并不一定需要使群体意识变成一种占有位格的"体"才能去论证上述差别，群体意识是某种独特的东西，应以某种独特的术语来表达它，原因很简单，它的构成状态与个体意识的构成状态是完全不同的。这种不同源自它们由不同的因素构成。个体意识产生于孤立的生理–心理存在，而群体意识是多个此类孤立存在的相互融合。那么既然组成成分是如此不同，对导致结果的那些组成部分也就不能不加以区分。此外，我们对于社会事实的定义，也只是在用另一种方式标出这种差异的界限。（这条注释在初版中不存在。）

25. "这方面的改变往往会被当作是一种背叛"在初版中不存在。

26. 假定，这样的心理条件时先于一切社会生活而存在的。关于这一点，参考 Espinas, *Sociétés Animales*, p. 474。

27. *Division du Travail Social*, 1. II, chap. 1.

28. 只有在心理现象紧密地与社会现象相结合，以至于心理活动和社会活动必然地相混合之时，心理现象才能产生社会后果。这就是某些社会–心理事实的状况。比如，公务员是一种社会力量，但他同时又是一个个体人。这使得他可以将自身具备的社会能量用在他个体本质所决定了的方向上，从而带来构建社会的某种影响。政治家就是这样，更为普遍来说，天才也是这样。天才即便不担任社会职务也能依靠人们对于他的群体情感来获得权威。这种权威也是一种社会力，在某些状况下，这种社会里完全有可能被用来实现个人的目的。但我们看到，这样的状况源自个体的机遇，因此不能影响到对于社会空间的构成研究，而只有后者才是科学的对象。上述状况因此对于社会学家来说并不关键。

29. "社会生活的整个圈层就会越发扩展开来"又作"社会生活就会普遍化"。(*R. P.*, p. 32.)

30. 在《社会分工论》中我们犯了个错误，这就是过度强调将物质浓度严格视作是动态浓度的表现。但在涉及经济效果，比如作为纯粹经济事实的工作分工之时，这样的用前者替换后者的做法又是合适的。

31. "地方精神和区域生活的残存难消都是这方面的明证"在初版中不存在。

32. "但这还不足以设想……彼此派生的"又作"但如果能够确定，所有的变化一旦完成就会产生用它能够来解释的那些影响的话，那么我们却还是无法看到在这个概念中，这些变化到底是如何可能的。"(*R. P.*, p. 34.)

33. "但即便不返回到……无论如何"在初版中不存在。

34. 孔德在这个问题上的立场则是晦暗的折中主义。

35. 这也是为什么并非所有的强制都是正常的。只有那些对应于社会的优势地位，也即理智和道德的强制才可被叫作强制。而一个个体因其更为强大或更为富有而施加于另一个个体的强制，尤其是这种富有并不表达社会价值之时，就不是正常的，对其的维持也只能通过暴力来完成。

36. 相比于与自然法的差异，我们的理论与霍布斯理论的差异更大。实际上，对于自然法的拥趸来说，社会生活之自然属性只有在其可被还原到个体的本性上时才存在。但严格来说，只有社会组织的最普遍形式才能从这个本源上派生出来。在谈到具体细节时，由于具体的心理属性与这个普遍性相差太远，就不能把它们联系起来。看起来这个流派的信徒与他们的论敌一样错误。而对于我们来说相反，一切都是自然的，即便最特殊的那些人为规划也是，因为所有这些都是在社会的本质中生成的。

第六章
与求证相关的准则

一

我们只有一个办法去证明，一个现象是另一个现象的原因，这就是比较它们同时出现或消失的情况，来研究是否它们在不同情况下的结合所体现出来的变动可以被用来证明，它们中的一者是依靠另一者而存在的。当它们能够按照观察者的意愿而人为地复制之时，所使用的方法就是实验法。如果相反，事实的产生并不以我们的立场为根据，而我们对那些自发地产生的事实只能去尽量接近之时，我们所能采用的就是间接实验法，或称比较法。

如前所见，社会学解释仅仅是建立因果关联，这意味着将一个现象与其产生的原因相联系，或是相反，将一个原因与其有效后果相联系。此外，由于社会现象很明显地不由观察者的行动来左右，所以社会学中适用的只有比较法。孔德认为，仅仅使用比较法是不够的，还必须用他所说的历史方法来补充，但他的这种想法来自他对社会学法则的特殊的观念认识。按照他的说法，社会学法则主要致力于对总体的人类演进方向的揭示，而不是对因果关联的确定关系的揭示。那么，对这种总体演进方向的揭示其实就不能借助于对比较法的采用，因为要去比较同一个社会现象在不同人群那里所形成的不同形式，就必须将这个社会现象与他所参与的一系列时间相剥离。但从一开始就将人类的发展状况如此这般地做碎片化处理，我们就根本无从去进行后续的研究。这时如还要去探寻方向，就无法通过分析方法，而只能通过便于操作的空泛的综合方法了。也就是在人的整体的接续状态上将各种情况联系起来，并形成某种情形下[1]的一个共有的直观，用察觉"每个物理的、理智的、道德的和政治的设置背后的连续不断的上升"[2]的方式去体会它。以上就是孔德所说的历史方法得以存在的依据，但是一旦我们拒斥了孔德社会学的根本观念，这个所谓历史方法[3]就不含任何实际对象而空空如也了。

　　密尔确实曾宣称，实验法，甚至是间接的实验法，对社会学来说是不适用的。但他又支持将实验法用于对生物学现象的研究，甚至用于对更为复杂的生理-化学事实的研究的观点。在今天无需更多地去证明，化学和生物学都只能是实验科学，但上述观点还是严重地削弱了他的权威性。[4]由于社会现象与生物现象的区别只是其更为复杂而已，所以认为他关于社会学的评价是更为精当的，这并没有什么道理。以上区别当然意味着相比于在其他科学中，在社会学中采用实验法是更为困难的，但我们看不到在什么原因的支持之下，可以认为这种做法是完全不可能的。

　　此外，密尔的理论建立在一个预设的基础之上，而这个预设与其逻辑学的根本原则相关，但与全部科学结果相矛盾。即，他承认同一个结果并不总是来自同一个原因，而是有时由这个原因造成，有时由那个原因造成。这种关于因果关联的看法在取消了因果间固有的确定性的同时使科学分析成为几乎不可能的事情，因为它使因果的链条变得更为复杂，以至于人们无从对此加以把握。如果一个结果可以由不同的原因造成，那么如要在给定场景中去确定一系列因素中到底哪一个才是决定因素，就必须对这些因素在孤立状况下逐个实验，而这实际上是不可能的，在社会学上尤其如此。

但是，这种认为因果多样性是公理的企图正是对因果性原则的否定。无疑，如果我们像密尔那样思考，认为原因和结果是异质的（hétérogène），在它们之间不存在逻辑联系，那么认为某个结果一会儿是由这个原因引起的，一会儿是由另一个原因引起的，也并不会造成什么矛盾的感受。如果在因素 C 和因素 A 之间只存在纯粹的时间上的相继，那么这并不排除，在 C 和另一因素 B 之间有可能也是时间上的相继关系。但这并非因果关系。如果说因果关系包含了某种理智，那就意味着因果关系不可能是如此不稳定的。如果因果关系来自事物的本质，那么同一个结果就只可能是由某一个固定的原因引起的，因为这种关系只能展示一种本质。哲学家们却一直怀疑，在因果关系中存在理智的成分。对于学者*来说，因果关系的假设并不构成什么问

---

* 这里涂尔干将哲学家与学者两个形象对立了起来，学者因此近乎等同于科学家，只是这时又不专指自然科学的科学家，而是指采用科学方法去研究的人。毋庸置疑，此时的哲学家提法是贬义的。——译者注

题，因为这是由科学方法来决定的。否则，要怎么解释演绎（déduction）在实验推理中的重要作用，以及存在于原因和结果之间的比例关系所发挥的基础原理呢？至于上述好像在观察中看到因果多样性的例子，为了使其变成可论证的，需要做的是预先查明，所见的多样性是否只是表象上的，抑或只是并不真的导致多样性的某些外部单位。科学上有多少次，人们把初看起来无法还原的那些完全不相干的差异都笼统地简化到有关因果性的组合里去了啊！斯图尔特·密尔本人就曾经给出我们例子：根据现代的理论，摩擦、撞击和化学作用等都可以产热，而这些被归结为同一且唯一的原因。相反，对于结果，学者们却往往能清晰识别被普通人混同起来的东西。对于常识来说，发烧意味着同一且唯一的一种病症；而科学上认为存在许多不同性质的发烧，多个原因引起了不同的多个结果。如果说在这些不同类属之间还存在一些共性的话，那同样是因为造成它们的原因上存在某些相似的特征。

众多的社会学家至今还受到"关于原因的多样性思维"这一社会学原则的影响，即便他们不反对比较方法，也必须摆脱这个影响。比如，人们今天常常认为，犯罪也可以由不同的原因所引起，对自杀、惩罚等也是如此。按照这种思维去进行实验性的推理的话，我们即便可以收集到很多事实，也永远不可能获得明确的法则和确准的因果关系。在这种情况下，我们能做的只是含混地把某个定义不清的结果项归结于某个模糊分类的群组，和一些摇摆不定的前置因素。因此，如果我们要使用科学的比较方法，也即参照由科学本身体现出来的因果原则来进行比较的话，我们就必须将比较建立在下述命题之上：**与某一结果相联系的，总是某一固定的原因**。让我们还以上面提到的例子来说明，如果自杀被认为由超过一个的原因所导致，这是因为实际上存在超过一种的自杀。对犯罪来说也是同理。对于惩罚则相反，如果我们原本认为，惩罚应由不同的原因来得到解释，这是因为人们没有发现在所有这些前置项之中的某些共有因素 [5]，由这些共有因素炮制出了共有的效果。[6]

二

　　然而，就算社会学并不排斥比较方法上的所有不同的类型，这些不同的比较方法也不是都具有同等的论证效力。

比如剩余法（résidus），虽说也是实验性的推理形式之一，却对有关社会现象的研究来说不适用。它只适用于那些相对较发达的科学门类，因为它需要以较多的法则知识为前提，而社会现象过于复杂了，以至于只有在特定的情况下，我们才能从许多原因中准确地找出一个原因所造成的结果。

同样的原因也造成契合法（concordance）和差异法（différence）难于运用于社会学。实际上，这两种方法的前提假设都是，要求被比较的情况只在一个点上契合或差异。无疑，科学无法通过经验环节去用无可质疑的方式建立严格仅存在契合项或差异项的实验。我们无从确定，是否遗漏了契合或差异于结果项的前置项，除非其作为唯一已知前置项而存在。然而，虽然理想状况下应该绝对排除所有的偶然项，但实际上这是做不到的。事实上，物理–化学诸门类和生物学诸门类趋近了这个理想，以至于在大多数情况下，（这些学科的）证明都被认为在实际上是充分的。但在社会学上情况并不是这样，由于现象具有特别大的复杂性，任何人为的经验性设置都是不可能的。就像我们不能完全，甚或不能大部分地，将同一个社会中在前后相继的历史中都曾经存在的诸事实全部列出一样，我们也不能确保可以用相似的方式去论证两个人群之间的契合和相异，除非它们本来就是一群人。遗漏某一现象的机会要比不放过任何现象的机会大得多。其结果就是，此类论证方式只会造成一些臆测，这些臆测最多只能还原到它们自身，而没有任何的科学色彩。

但是共变差异法（méthode des variations concomitantes）则不然。实际上，并不需要将所有与用于比较的因素有差异的因素都排除掉，才能使这种方式有证明力。只要通过充分数量的例证来证实，经过充分的演变，两种现象所蕴含的价值之间具有明显的并行关系，那么就能够证实它们之间存在联系。这种方法的优越性正在于：不像前面批评的这些方法是在外部，这个方法是在内部去进行证实的。共变法并不仅仅让我们看到两个事实从外部看的相似或差异[7]，如若是这样的话，我们并没有证明这些事实是通过某种内部联系而相关联的；相反，共变法向我们证实，一个因素与另一个因素之间的相互影响是以接续的方式展开的，至少从量上看是这样。这种相参的状况其自身就已经可以证明，这两个因素并非毫不相关的。一个现象的发展方式本就表征着该现象的本质，只有两个现象在各自发展中展现的本质有相互的呼应关系，才能证明它们两个的发展是相互呼应的。因此，无论在比较之外的现象状态表现出什么样子，永恒的共变本身就是一条法则。同理，仅指出在运用契合法和差异法时达到了某些特定状况，并以此来推翻共变的存在，这是不够的；契合法和差异法所达到的这种论证上的权威在社会学上根本不存在。当两个现象有节律地同时演变之时，就必须承认它们之间的相关关系，即便在某些情况下，两者中的一者独自变化了，也应该承认它们之间还是有关联。这是因为存在这样的可能：本来该导致演变的原因受制于相反的原因造成的行动，从而致使相应的演变没有出现；又或演变实际上发生了，但却采用了与我们此前观察到的形式不一样的形式。就像人们常说的那样，我们可以用新的眼光来考察事实，但这不意味着立刻就推翻此前的证明所形成了的那些结果。

诚然，采用共变法所确立的那些法则并不总是因果关系意义上的法则，共变的存在也可以不是由于某一现象是另一现象的原因，而是因为这两个现象都是另一个原因所分别造成的结果，或是在二者之间存在一个第三现象，它介入但未显现，一边作为第一现象的结果而存在，一边作为第二现象的原因而存在。因此，就需要对共变方法所得出的结果进行阐释（interprétés）。然而，有什么实验方法可以让我们机械地推出因果关系而不需要对由此因果关系所构建的事实进行可被心灵所理解的加工吗？重要性正在于，心灵的这种加工需要采取整全（méthodiquement）的方式，并使我们可以把握。因此，我们首先要求助于演绎，来弄清楚两个项之中，一者如何产生了另一者；然后，我们要借助于经验，也即新的比较，来努力验证演绎的结果是否正确。如果演绎是正确的，其结果也被证成，我们就可以将这项证明视作一个事实。如果相反[8]，我们在诸事实之间并没有发现什么直接关联，尤其是当假设存在的关联与已知的法则相违背之时，我们就要努力去寻找这两个现象都依仗的，或是在这两个现象之间充当中介的第三现象。举例来说，我们可以用最确准的方式认为，自杀倾向与受教育程度是相一致的。但是我们无法理解为什么受教育程度会导致自杀，此类解释与心理学给出的各种法则相矛盾。受教育，尤其是简化到基础知识的教育，只是意识的最表层部分；相反，自我保存的本能则是我们的根本取向之一。因此似乎它就不可能被一个离得如此之远，影响又如此局限的现象所影响。我们因此会怀疑，会不会这两个因素都是另一个状况的结果而已。这个共同的原因，正是宗教传统主义的衰减，它既带来求知的需求，又增强了自杀的倾向。

但是，使共变法成为社会学研究的主要工具的，还有另一个原因。实际上，即便场景状况非常有利，其他方法如要得以运用，也需要存在大量可资运用的事实例证。如果说我们在现实中找不出只在一点相异或相似的两个社会，至少我们可以找到总体上相互依靠或彼此排斥的两个事实。但要使这样的观察具有科学价值，还必须使观察大量地可重复，那就需要使几乎所有的事实都被考虑到。然而，不但这样的全面检查是不可能的，而且由此而收集的事实也永远不能被认为是充分的，因为它的数量过于庞大了。在这种情况下，我们不但有可能遗漏那些与已知相违背的根本因素，还有可能根本就无法确切认识已知的根本因素。实际上，社会学家的推理之所以不能让人信服，就是因为他们往往乐于采用契合法和差异法，尤其是前者，从而更多地关心资料的收集，而不是关心对资料的评价和选择。这样，他们就不停地将旅行者仓促做出的令人迷惑的观察和历史学的严谨资料等量齐观。看到这样的论证，人们不仅可以通过仅举一个反例就将之推翻，而且可以认为这种论证所依据的事实本身也不总是让人信服的。

共变法既不要求我们进行支离破碎的列举，也不要求我们作肤浅的观察。为使共变法产生结果，有几个事实就足够了。只要能证明在多数情况下两个现象中一个随另一个演变，我们就能确定，我们所面对的是一条法则。社会学家运用共变法，不需要很多的材料就可以进行选择，进而在其上进行研究。因此，社会学家就可以，并必须，将主要工作放在对真实文献中所记录的载有信仰、传统、风俗和法律的社会的归纳之上。当然，也不能忽略族群志（ethnographie）所提供的教益（学者没有理由忽略由族群志所提供的事实），但需要把它们放在正确的位置上。社会学家并不把族群志放在他研究的核心，而是总体上将它们作为对历史资料的补充而使用之，或是至少要用历史资料来证实族群志的资料。这样，社会学家不但以更强的分辨力来划定比较的范围，还带来了更强的批判态度，因为伴随着这么做，他就将事实局限在一个更小的序列上，从而更加精心地加以把控。无疑，没有必要去重复历史学家的工作，但也不能只是被动地且全部地接收历史学家所提供的全部信息。

但是，也不要因为社会学只能使用一种实验方法，就将社会学当作是比别的科学门类更低级的科学。实际上这种不便会因为社会学家在进行比较时所自发采用的变体之丰富而得到克服，这种状况在支配自然的那些科学门类里是不存在的。一个有机体在其作为个体而存在的过程中所发生的变化是极其有限且数量稀少的；那些对生命体不造成损害又可由人为造成的影响也是极其有限的。在动物的演化过程中确实也会存在重要的变化，但这些变化只在动物身上留下了稀少而不清的痕迹；并且，要找寻决定这些变化的条件本身也是更为困难的事情。相反，社会生活是一种连续不断的转化，它与有关群体性存在之条件的转化是并行的。对此，我们所拥有的不仅是近期的资料，还有大量已消亡族群留给我们的资料。人类历史尽管留有各种空白，但比各种动物的历史能够提供给我们的还是要清晰完整得多。而且，有众多的社会现象是在整个社会的延展上出现的，但却又按照地区、职业、信仰等的不同而采取了多样的形式，这些多样的形式包括犯罪率、自杀率、出生率、结婚率、储蓄率，等等。这些特殊场景的多样性还在自身造成了历史演进的事实序列的基础上造成了众多新的变体序列。因此，如果说社会学家无法在同样高效的方式下去采用所有的实验研究的模式的话，那么他们排除其他方法之后唯一可以使用的共变法，却在它们手中变成最为多产的方式，因为使用共变法会向社会学家提供无与伦比的资源。

但是共变法如果要产生这些好的效果，就必须被严格运用。像通常的那种状况，只满足于展示一定数量的例子，然后宣称在若干分散的事例中事实都像假设所希望的那样发生了演化，这是什么也证明不了的。根据这种零星和碎片的契合，我们得不到任何普遍性的结论。提出一种观念并不是对此观念的证明。需要的不是对孤立的演变加以比较，而是对有节律地构建的演化的序列加以比较，其中的各种因素由一种既可能又接续的渐变所支撑，而且这样的渐变还需要拥有一定的广度。这是因为，只有当有关现象的诸演变在其寓于给定场景的发展方式上清晰地指出了法则之时，对相关法则的归纳才是可能的。而据此，就必须要使它们之间存有那种与自然演化相同的，在不同时间段上都存在的接续；此外，还需要这个演化是延伸在较长时间段上的，以此来使它的趋向不被怀疑。[9]

三

但上述一系列变化的形成方式[10]根据情况而各不相同。这些变化所包含的事实既可能来自一个独属的社会——又可能来自属于同一类型的若干不同的社会——又可能来自相互区别的众多社会类型。

严格说来，当面对的是非常普遍的事实时，我们会有较多和较有差异的各种信息，这时第一种方法就够了。比如，当面对的是一个足够长的变化时期之时，我们拿表征了有关自杀进程的曲线与代表相同现象的区域、阶级、城乡居住情况、性别、年龄、民事状况等相对照，就能在不把研究扩展到超越一个国家的范围的前提下去建立真实的法则。当然，用基于同类群体的不同人群所得到的事实观察来确定，也会确认到更好的效果。但是，只有面对那种遍及整个社会，又在从一个点到另一个点之间不停变动的社会潮流时，这类范围局限的比较才能成立。相反，当涉及的是整个国家内部以同样的方式运作的某一有组织的习俗里的一种制度、一种有关法律或道德的规则，且它并不按照时间而改变之时，我们就不能仅采取只针对一种特定人群的研究。这是因为这时我们只有一对平行的曲线可以用来证明这种关系，即，一个是现象的历史演进线路，另一个是假设的原因曲线，但这二者都仅是有关同一个孤立社会的。无疑，即便只有这一个孤立的平行线，在理想情况下也可以揭示某种事实，但是它自身还不能成为一种证明。

但当我们研究同种类的不同人群时，我们就获得了一个更为广大的用以对比的场域（champ）。首先，我们可以通过一个族群的历史来确认其他族群的历史，以此来观察，同样的现象是不是在每个群体中都在同样的那些条件下随着时间的改变而演进。然后，我们还可以在这些不同的发展之间进行比较。比如，我们可以通过被研究的事实在不同社会中的演进来确认它到达顶点时所展现的形式。虽然都属于同一个类型，但由于这些不同的形式来自不同的彼此相区别的个体社会，因此这个形式在各处所展现的样子并不相同，而是按照不同的场景或多或少呈现差异。[11] 这样我们就有了一系列变化，我们可以用这一系列变化去与推定出的 [12] 那种由一系列国家中的任何一个在某一个时刻呈现出的具体样貌相比较。这就是为什么我们可以通过对罗马、雅典、斯巴达的父权制家庭的历史研究来按照这些城邦的相关家庭类型在其最高发展程度的样子进行分类；然后再去考虑，在参照展现出来的社会场景类型的情况下，这些类型所展现出来的类别差异是否还会与我们的最初经验按照社会场景所划分的类别差异相一致。

但是只有这种方法还不够。实际上，如要使这样的方式可行，就只能要求所被研究的现象的全部发生历程都在被比较的族群的生命历程里。[*] 然而，一个社会并不会一一创造它的所有组织要件；其中有一部分是这个社会从其前身社会所继承来的。那么，在历史过程中，转化到它身上的这一部分就并不是它自身发展的产物，所以，不超越这个社会所属的类别限制的话，就无法对这些转化的部分进行解释。只有那些施加在基本条件之上并导致根本基础产生演变的条件才能被用这种方法来研

---

[*] 这里指的是，如果我们已然有某种方式（比如通过对某特定族群展开的充分族群志的相关记录）去完成观察一个族群，然后在它内部出现了一个现象，那么我们就能够采用这种方法。因为我们在这种情况下可以获得对这种现象的完整历程的认识。——译者注

究。但是在社会发展的阶梯上越向上探寻，相较于其转
化了的因素，每个族群所继承的因素就越微不足道。这
也正是所有进步得以发生的条件。比如，我们带入家庭
法、物权法与道德权利中的新东西相比于我们从过去继
承而来的东西而言，就是数量不多且不怎么重要的。因
此，如果不先研究这些更为根本的作为根基而出现的现
象[13]，就无法理解新出现的这些现象；而如要对这些根本
现象进行研究，一个更广大范围上的比较就是不可或缺
的。为了对有关家庭、婚姻、财产权等的现时状况进行
解释，就必须了解它们的起源以及导致这些制度出现的
最基本因素，在这个问题上，大部分欧洲社会的历史并
不能给我们带来什么明确的启蒙，还必须回溯到更远的
社会。

　　因此，要对给定类别中的某种社会制度进行把握，
就需要比较这种制度所展现出的不同形式，这不仅是指
在同种属的不同族群中所展示的不同形式，还包括在此
前存在的所有种属中所展现的不同形式。比如，是否属
于家庭组织？我们首先要找到最原初的那种形式，即便
它并不真的存在过，然后逐步地去考察它是如何逐步完
善的。这个方法可被称为发生法（génétique），它可以

使我们同时对上述现象进行分析和综合。*这是因为一方面，既然这个方法向我们展示了组成它的诸因素是如何相互融合的，那么我们就能就此看到它们是如何（以相互分开的个体来）相互作用的。另一方面，归功于比较所提供的巨大场景优势，这个方法能告诉我们，出于哪些条件和形成方式，这些因素才彼此结合。**因此，如要解释一个较为复杂的社会事实，就要通过对其在所有社会类属中的发展过程来进行**。比较社会学并不是社会学的一个特定的分支，只要它不再纯粹是描述性的而是注重于对事实的把握，那它就是社会学本身。

在如此广泛的比较过程中，往往会出现最终导致错误结论的一种错误：有时候，为了判定社会事件的发展方向，我们往往会将处在衰落中的某个类属与继起的类属在发展初期的状况进行比较。如此这般，我们就自认

---

* 在后世一些学者那里，分析和综合代表了截然相反的研究模式。比如，受康德（在社会学上往往是韦伯）启发的一些学者十分强调，所谓综合依靠内在的判断，而这是比照自然科学的分析模式所无法带来的。但是涂尔干显然不属于这些学者的行列。在他这里，分析立足于分类，也就是比照自然科学将社会学塑造成一种尽可能严格的科学门类，即社会类型学。而综合与他在此说的发生相关，立足于汇总不同历史时期某事实所表现出的不同现象和形式。因此，综合成了类似归纳的逻辑任务，只是相比于通常的归纳，还要加上"历时"这一特征。——译者注

为可以确认诸如宗教信仰和传统主义的衰落只是人们生活中的暂时现象，因为这种衰落现象只存在于给定族群存在的后期，而同样的现象在新的演化中又重新出现。但是，采用这种方法就会把另一种原因产生的结果当成此类进步的正常和必然过程。实际上，一个新生社会的状态并不是它取代的那个过往社会的状态的自然延续，新生社会的一部分内容正是来自对原来人们直接获取和运用的那些经验所能导致的后果的拒斥。这就像是孩子从父母那里获取的东西只有在他长大之后才带有迟滞性地发挥作用一样。回到我们的例子上，我们会发现，可被观察到的传统主义的复兴可能并非因为传统主义只会暂时性地衰落，而是由于所有社会在初生期所面临的那种独特的条件而导致的。只有排除了造成比较上的困难的这些年代上的因素，比较才能具有证明力。为此，**只需要将被比较的社会放在其发展阶段的同一时期即可。***
因此，要想知道社会现象是朝着什么方向演进的，我们要比较的是每个种属与其继起种属的均属于初期的状况，然后，参考着这个状况是越来越增强还是越来越减

---

* 这里并非指将不同的被比较社会截取到同一个年份等的"同时"，而是在"同属于各自发展历程的相同阶段"的意思。——译者注

弱抑或维持在同一水平，我们才能说这个状况是不是在进步。

注释

1. "因为要去比较同一个社会现象在不同人群那里所形成的不同形式，就必须将这个社会现象与他所参与的一系列时间相剥离。但从一开始就将人类的发展状况如此这般地做碎片化处理，我们就根本无从去进行后续的研究。这时如还要去探寻方向，就无法通过分析方法，而只能通过便于操作的空泛的综合方法了。也就是在人的整体的接续状态上将各种情况联系起来，并形成某种情形下的一个共有的直观"又作"由于这时为了孤立地思考由每个社会现象与其条件群组所形成的关系。相反，这就必须将一个因素与别的因素放在同一个综合的范围内去假设"。(*R. P.*, p. 169.)

2. *Cours de Philosophie Positive*, IV, p. 328.

3. "以上就是孔德所说的历史方法得以存在的依据"又作"这就是历史方法所扮演的角色"。(*R. P.*, p. 169.)

4. *Système de Logique*, II, p. 478.

5. "如果自杀被认为由超过一个的原因所导致，这是因为实际上存在超过一种的自杀。对犯罪来说也是同理。对于惩罚则相反，如果我们原本认为，惩罚应由不同的原因来得到解释，这是因为人们没有发现在所有这些前置项之中的某些共有因素"又作"如果犯罪和自杀被认为由不同的原因所导致，这是因为实际上存在完全不同的犯罪和自杀。对于惩罚则相反，表象上看起来不同的各种原因中的某个共性的因素可以用来解释惩罚"。(*R. P.*, p. 171.)

6. *Division du Travail Social*, p. 87.

7. 在差异法中，原因项的缺失排除了结果项的存在可能。(这个注释在初版中不存在。)

8. "如果演绎是正确的，其结果也被证成，我们就可以将这项证明

视作一个事实。如果相反，"在初版中不存在。

9. 这一段在初版中不存在。

10."上述一系列变化的形成方式"又作"社会学对比的本质"。（*R. P.*, p. 175.）

11."而是按照不同的场景或多或少呈现出差异"在初版中不存在。

12."推定出的"又作"臆造出的"。（*R. P.*, p. 176.）

13. 这一部分在初版中不存在。

结 论

作为总结，现将方法的具体特点列于下面。

首先，社会学方法独立于一切哲学。因为社会学是从一些伟大的哲学学说中发端的，它往往习惯于建基于与它颇有渊源的一些哲学体系之上。这就是为什么社会学也必然按照实证主义、进化论、唯灵论这样的线索发展，但如果这么做，它也仅仅是自我满足于自称社会学而已。除了承认这种情况倾向于将社会事实看作可被自然地解释之外，我甚至都不愿意将其称作是自然主义的。对这样的社会学，将其说成是自然主义这种用词上的修饰毫无意义，因为这时它仅仅表明社会学不是神秘主义的而是一种科学。但是，如果人们为自然主义赋予"针对有关社会之物的本质"这种学说意义，比如，人们认为社会之物可被还原为其他宇宙力量的产物的话，那么我是排斥自然主义这个说法的。社会学不必采用那些使形而上学家们陷入争吵的宏大假设。社会学既不必承认自由这个观念也不必承认决定论这个观念。社会学所要求的，只是人们认同可以将因果律运用于对社会现象的研究之上。而且，因果律这一原则在社会学上并不是一种理性必然，而只是作为一种经验性的预设而存在，并由适当的归纳所推出。由于因果律已然由其他的科学门类所证实，所以它可以逐步地将其统治领域从物理-化学世界扩展到生物学世界，进而到心理世界，最终我们会同意它也可以被运用到社会世界之上。那么今天就可以再加上一点：在这个预设之下所进行的研究正在证实这个预设的合理性。但是，是否因果关联的本质排除了所有的偶然性，对这个问题我们从上述预设出发并没有得到答案。

此外，哲学对于社会学的这种解放也十分关注。这是因为只要社会学没有完全与哲学相剥离，它就只能从社会之物的最普遍方面，也即它们与世上其他物最类似的那些方面去思考这些事物。但这样的社会学即便可以用来说明某种富含哲学思维的事实，它也并不能带来什么新的看法，因为它并没有在自身的研究对象上带来什么新的东西。但实际上，如果说[1]其他领域的根本事实也见诸社会领域的话，那是因为它们采取了一些特殊的形式，由于这些特殊形式代表了至高的形态，因此有助于使其本质得到理解。[2]只是，从这些层面出发来进行观察的话，就必须脱离那种过于普遍的看法，从而深入到事实的细节中去。这样，伴随着社会学自身的专业化，它就能向哲学反思提供尽可能是原创性的质料。上面的论证已经可以让我们看到，关于种属、组织、功能、健康和疾病、原因与目的等基本观念的论述如何以全新的面目出现。此外，社会学不就是要突出"结合"这个观点吗？这个观点不仅是整个心理学的基础，而且是整个哲学的基础。

对于与诸种实践相关的学说，我们的方法同样可以带来，并且要求着，独立性。此般社会学既不是个体主义的，也不是庸俗观点所说的共产主义或社会主义的。就其原则而言，社会学不在乎这些理论，因为社会学认为它们之中并不蕴含着科学价值，它们并不致力于说明事实，而是致力于对事实进行重塑。如要使社会学对这些产生兴趣，则至少需要社会学可以从这些理论中找到有助于理解社会现实的一些社会事实，以及有助于社会运行的需求。这并不意味着社会学不关心实践问题。相反可以看到，我们一贯的注意力正在于如何引导社会学去通向实践。社会学必然会在其研究中遇到此类问题。但话又说回来，既然社会学与此类问题的相遇是在某些特定时刻发生的，而这些都是由事实而非激情所触发，那么我们就可以预见，这些问题对于社会学家来说与对于大众来说完全不在同样的层面上，而社会学家所提出的解决办法，即便是其中的一部分，与任何政党提出的办法也完全不会是一回事。但是，从这个角度出发，社会学的身份角色还在于它不反对任何政党的观点，社会学不以一种学说的面目去反对其他学说，而是在面对这类问题时养成如下习惯：采取直接与物相接触这种只有科学才能带来的态度。实际上，无论历史中形成的制度具体是什么，只有社会学才能以尊重而非盲目迷恋的方式去处理它们，并指出它们的必然性和暂时性，以及它们在固有性上的力量和无尽的变化可能。

其次，我们的方法是客观的。它完全受这样的观念所支配：社会事实是物，并且要被当作物来对待。无疑，在孔德和斯宾塞先生的学说中，这条原则被以稍有不同的方式所使用。但这些大思想家只是在理论上提出了这一点，但却没有付诸实践。为了使这一点不至于成为一纸空文，只把它这么空泛地提出是不够的，还需要把它作为一项最根本的原则来提出。学者在甫一接触研究对象时就要遵循它，并在其研究的所有步骤中都时时要求这条原则的参与。我所致力于的也只是建立这个原则。我们在前面已经指出了社会学家应如何去除他们对于事实的成见以直面事实本身；指出了社会学家应如何尽可能地从其研究对象的客观特征出发来把握对象；指出了社会学家用什么样的方式才能从对象本身出发去划分常态和病态；以及最终指出了，社会学家应如何做，才能在他努力提出的解释和完成解释所采用的方法中，去体认这项原则。因为一旦我们有了那种我们正在面对着某物的感受，我们就不再对功利计算或其他此类推理感兴趣了。我们对此类原因和此类效果之间的差距可太熟悉了。一个物就是一种力量，而一种力量只能由另一种力量来孕育。因此，为了把握社会事实，我们只能去寻求可以产生这些社会事实的能量。不仅对不同社会事实的解释是不同的，而且对此的证实过程也是不同的，或者说，只有证实了对社会事实的需求，才算证实了这些社会事实。如果说社会学上的现象只是客观观念系统的话，那么对其进行解释则是指在其逻辑序列中对其进行再把握，而这种解释就其本身而言就证明了其自身，这时只需要举若干例子来证实它就够了。否则，就只有通过完备的经验证明，才能够将它们的秘密与物的属性相联系。

但我们所谓的将社会事实当作物，指的是将其当作**社会之物**。这是使我们的方法成为社会学专属方法的第三个有特色的手段。归咎于社会现象的超级复杂性，人们往往认为，其要么无法形成科学，要么只有被简化为构成其的因素化（élémentaire）*条件，也就是心理或生理条件，才能形成科学，而这就意味着与其自身的本质相剥离。相反，我们力求证明的，是如何可能在不祛除它们独特的特征的情况下科学地处理它们。我甚至拒绝

---

* 在涂尔干笔下，对 élémentaire 一词的使用必须与他的认识论相联系。通常情况下，élémentaire 可被翻译为基本的或根本的，但是，涂尔干坚持的社会事实有其整体意义的观点使得任何构成社会事实的éléments 都仅仅成为成分意义上的要素。因此，将其翻译为基本或根本就不再适当。本译本出于这个考虑，将其翻译为因素化的。更为人熟知的是涂尔干的著作《宗教生活的基本形式》（*Les Formes élémentaires de la Vie Religieuse: le Système Totémique en Australie*, Paris, Félix Alcan, 1912）。出于同样的原因，这本著作似乎应该被翻译为《宗教生活的"补充形式""散碎形式，"或"因素化形式"》。——译者注

将这些**独具一格**的非物质性的东西表征为心理学现象的非物质性。虽然后者已然够复杂的了，但我们尤其不能像意大利学派那样，将其消解在有机质料的那些普遍的性状之中。[3] 我们在前面已经展示了，一个社会事实只能通过另一个社会事实才能得到解释，同时，我们也证实了这样的解释是如何可能的，这就是通过在社会场景内部去展示群体性演进的主要原动力。[4] 社会学因此并不是别的科学门类的从属，它是与所有科学门类相区别的一个自发的科学门类，认为社会事实是独特的这种感受对于社会学家来说是那么的必要，以至于只有这种独属于社会学的文化才能去理智对待社会事实。

我们认为，认识到社会事实是独特的这一进步对于社会学接下来的发展来说也是十分重要的。无疑，我们只有参考已有模式，即已存的科学所使用的方式，才能完成对于初生的科学门类的创制。那是一个已存经验的宝库，如果不加以利用就太愚蠢了。然而，一门科学只有在表现出独立的个性之后，才会被认为是已然确立了。因为只有当它致力于研究其他科学不研究的事实之时，它才有作为独立科学而存在的理由。那么就不能把相同的概念不加区别地运用于具有不同本质的东西之上。

这就是我们所理解的社会学方法的原则。

将全部的这些准则与人们通常使用的那些相比较，或许会认为这些准则复杂到无法使用。对于至今都仅仅只是从一种普遍和哲思性的文化角度去从事的科学 *5 来说，所有这些预防措施确实显得过于艰涩，实际上也确实可以确认，对这些方法的采用也不会更多地提升人们对于社会学之物的兴趣。当我们要求人们放弃某些关于事物秩序的传统观念，并将这当作研究的出发点的时候，可以预期，不会有太多的支持者。但拥有更多的支持者，这也不是我们的追求目标。我们相信，现在相反正是社会学拒斥汲汲于名利的成功，从而像每一项科学都遵循的那样确立自己"外人非学而不能懂"（ésotérique）†的特征的时候了。这样，社会学或许会在受众的数量上受到影响，但却给自己争得了尊严和权威性。因为只要社会学还和政党斗争纠缠在一起，只要它

---

* 这里显然指的是过往直到现在，也就是直到采用涂尔干方法准则之前的社会学。——译者注

† 该用词本身是秘传之意，但直译趋向于中性或贬义评价，这与涂尔干本人在此的偏褒义的评价相悖，因此采取了这种相对诘屈的翻译方式。——译者注

还在自我满足于以超越常人一点点逻辑的方式去确立共享的观念，那么它在此情况下就不会获得任何独特的能力；它相对于激情和偏见，也根本不具有什么更高的立场，来让这些声音都闭嘴。当然，现在社会学离可以有效发挥这种角色的时候还差得太远，但正是为了使它在将来的某一天可以发挥这些功效，才需要我们从此刻就开始努力。

注释

1. "但这样的社会学……如果说"在初版中不存在。

2. "特殊的形式，由于这些特殊形式代表了至高的形态，因此有助于使其本质得到理解"又作"新的形式，通过这些形式其本质易于得到理解"。（*R. P.*, p. 179.）

3. 因此，并不能仅仅将我们的方法定义成是"唯物论"。（这一条注释在初版中不存在。）

4. "在社会场景内部去展示群体性演进的主要原动力"又作"作为充分条件的原因序列去解释，它使被我们归结为产物的效果变得可以理解，并通过接近这种效果，而在不必然以人为简化的方式违反事物的本质的前提下去把握它，这就是社会场景的特征"。（*R. P.*, p. 181.）

5. "对于至今都仅仅只是从一种普遍和哲思性的文化角度去从事的科学"又作"当那些优雅和聪明的头脑为了便利上的考虑而在有关社会现象的场景上八面玲珑之时"。（*R. P.*, p. 182.）

附　录：
社会学研究在法国的现状[1]（1895）

　　大约十年前，当我们决定开始从事关于社会现象的研究的时候，在法国对这些问题感兴趣的人的数量尚十分有限；虽然一开始我们有极强的意愿向这些观点寻求帮助，并从中吸取有益的教益以避免过长的迁延，或是让我们的研究变得更容易一些，但当时我们却没有找到任何可用的东西。特别是在学院派这个范围内，社会学完全成了一种信誉扫地的东西：这并不仅仅因为这个词看起来让精神洁癖者觉得野蛮，而且还因为这个词本身带给多数人某种不确定感和反感，必须承认，问题至少部分地是由社会学家们自己造成的。这是因为，对于某些哲学流派而言，从实证哲学孕育而来的社会学具有某种无用的攻击性。实际上，如果社会学算作一门科学，那么它就独立于整个形而上学，因此就无需插足各种哲学体系之间的争斗。此外，方法和精确结果上的缺乏，提供的信息量之贫乏所带来的结论上的普通，这些都使得社会学不能不面对那些特别追求精确性的学者所投来的不信任目光。

最终，这门在昨天才出生的科学，它自信能够推断出实践革新的理论，但它的发展速度和它所带来的革新的模糊且人为的特征，这些都不能让注重实践的人们对社会学加以同情，对这些人来说，社会现实并不会这么随便地被构建和重建。

当今，情况有所改变。在 1887 年，时任高等教育主管的利安和（Louis Liard）先生 * 在波尔多大学文学部授意开设了法国大学中的首个社会科学课程。确实，在那个时候，我们能够感受到，对于社会学的成见并没有完全消失。那时这门课程的前途看上去是这么地不确定，而今它已步入了它开设以来的第八年，并且没有人再去否认它的有用性了，同时在其他地方也开设了类

---

* 利安和（Louis Liard, 1846—1917），法国哲学家和官员。他与库阿（Auguste Couat）一起创立了波尔多大学文学院年鉴（*Les Annales de la Faculté des Lettres de Bordeaux*）。利安和与青年时期的涂尔干保持友谊，后者受到他极大的鼓舞和支持。——译者注

似的课程。在里昂，市政府同意向由我们的同事贝特朗
（Bertrand）教授开设的一门社会学课程提供资金支持；
在蒙彼利埃，哲学系的贝奈斯（Bernès）今年开始了同
类题材的教学课程；最后，在巴黎，巴黎大学文科学部
在几个月之前批准了一门社会学课程的设立。同时，社
会科学方面的研究展现出多种样貌：巴黎大学文科学部
颁授了多个研究社会学问题的高等教育文凭，还有一些
被分配给了承担相关研究的研究生。

　　社会学这个令人生畏和时常因此而缄默无声的用词
进入了日常语言之中。但是，一些特别沉不住气的想法
开始认为，我们的进展还不够迅速。人们开始呼吁在所
有的大学都开设专属的社会学教席，却忘记了如要这样
做的话，需要一个仓促之间无法建立的社会学家大军，
而社会学感兴趣的并不是不断地扩大范围，而是巩固近
期才取得的成就。正是出于这种想法，一个专门的社会
学期刊才被设置，至今已超过一年，虽然它的出现在我
们看来尚不成熟——真正属于社会学的文字还没有与政
治生活相分离，但这些文字却给针对相关问题的研究带
来了一种前人所不具备的好奇，这种好奇与日俱增。从
这个视角出发，一种真正的革命正出现在学生们中间。

过往鼓噪学生们的政治问题正在变冷和不再躁动。媒体所具有的或多或少的自由、教廷与国家间关系、行政权威与司法权威，等等，这些都不再引起学生们的兴趣。相反，与社会内在组织、道德结构、与家庭相关的一切、物权、不同社会组织间关系等因素相关的那些东西越来越引起学生们（特别是学生中最好的那些人）的一种真正的激情。在很多大学中，学生们都建立了社会科学的相关圈子，他们相互聚在一起讨论最让他们关心的那些问题。

如果没有适当的方法，这些活动都有可能在一种危险的意义上带来分裂，方法带来了一种社会事实，其重要性是无论如何不能被否认的。因此，在我们看来现在正是好时候，来确认回应上述需求并满足上述思考的那些工作是在什么状态上被确定下来的。

在我看来，向外国的科学群体简要介绍在法国占主流的几种研究的不同导向就是非常有意思的事情，这里的简要介绍指的是每个系统在其"实现了什么样的进展"的意义上。这些就是本文试图做的事情。我们试图在不陷入细节的情况下对主要的社会学学说进行划分，以使大家知道不同的学派、它们的主要代表人物和每个学派的导向。说实话，学派这个词并不十分合适，因为社会学成果还是存在一些散碎和个别的状况，每一个都有其独属的思路。但也不是完全不能找到若干中心，社会学的专业人士们正是围绕这些中心而汇聚起来的：这就是人类学家学派、犯罪学家学派和学院派。

一、人类学和族群学学派

这个群体包括所有围绕在巴黎人类学学会周围的社会学工作。

这个学会是由布罗卡＊在 1859 年建立的。如果说我们确信这个学会一开始是只将研究局限在解剖学方面的话，它却很快将研究的场域扩大了。被我们称为人类学的那些难于界定的东西很快出现在巴黎人类学学会所扩展出的研究成果中。同样，社会学或至少一部分的社会学也参与其中，从而出现了族群学社会学 † 这个分支。

＊ 保罗·皮埃尔·布罗卡（Paul Pierre Broca, 1824—1880），法国医生、解剖学家和人类学家，巴黎人类学学会致力于研究人类的自然史，即，研究人类的起源和生物分类情况。——译者注

† 族群（学）社会学（sociologie ethnographique）这个词就其使用来说与当今的社会人类学一词类似。——译者注

族群志就成了人类学和所谓社会学之间的一个中介。如我们所指出的那样，一方面，人类学主要研究种族，另一方面，文明是按照不同种族而演化的，那么，文明这个社会质料的最好载体难道不也可以被认为是人类学的一个自然的部分吗？同时，当社会学上的人类学学派创立的时候，随之创立的还有一个教席，虽然它没有被命名为社会学，却承担了相关教学的任务。

从一开始，这个教席就由勒杜尔诺*占据，我们可以将勒杜尔诺看作这个群体的主要代表人物。这也是为什么虽然在勒杜尔诺之外[2]有其他人的社会学著作出版，我们还是按照勒杜尔诺的著作来介绍这个学派的主流取向。

勒杜尔诺采用在社会发展中重构社会制度的方式来对社会制度进行持续的研究。但他忠实于人类学学派的精神，致力于将社会制度与不同的人种按照时间的演进建立关系。出于这个理由，他出版了下列著作：《道德的演化》（1887）（l'Évolution de la Morale）、《婚姻和家庭的演化》（1888）（l'Évolution du Mariqge et de la Famille）、

---

* 夏尔·勒杜尔诺（Charles Letourneau, 1831—1902），法国医生、人类学家。——译者注

《财产制度的演化》(1889)(*l'Évolution de la Propriété*)、
《不同人种中的制度演化》(1890)(*l'Évolution Politique dans les Diverses Races Humaines*)、《不同人种中的法律演化》(1891)(*l'Évolution Juridique dans les Diverses Races Humaines*)、《宗教演化》(1892)(*l'Évolution Religieuse*)和《文字演化》(1894)(*l'Évolution Littéraire*)。所有这些研究都是总体性的研究《族群志眼中的社会学》(*Sociologie d'après l'Ethnographie*)的后继研究。[3]我们看到，由于覆盖了这些维度，他的研究带有某种广度，实为一项宏大的工作。从 1887 年开始，勒杜尔诺没让自己在任何一年闲着而不去研究他致力于的这个整体的某一新的现象序列。他甚至逼迫自己去记录和查询无尽的关于历史、游记等资料，他从中归纳出社会学有可能会关心的那些事实。他的著作就是资料汇编，社会学家出于寻找资讯的需要，可以从中寻找有用的东西。

不幸的是，这些资料值得被提及，是出于其丰富性而非出于其价值，作者并没有秉持着一种一贯的严谨方式来选取材料。他将各处汇总来的东西都列于同一个栏目里，而不去考虑精确性、来源和每一个因素上都体现出的极易变动的价值。他最常采用的资料来源是游记，但我们知道，游记究其本质来说是可质疑的，只有在审慎的态度下，游记才能被使用。习俗、信仰、与人群相关的制度，这些都是深邃的事物，我们不能对它们轻易去下判断。这也是为什么社会学需要主要将其精力放在通过真正的史学资料来研究的那些社会之上，而族群志的相关信息从某种程度上说只是提供对前述因素的佐证和阐明。但一个只利用或主要利用游记去开展研究的社会学家会有受制于怪异想象的风险。因此，我们不得不感到可惜的是，在其浩繁的著作中诸如家庭与婚姻、罗马家庭等如此富于教益的历史发展总共只用了五页纸（还是与关于希腊家庭的部分加起来一共用了五页纸）[4]，而对这些内容的描述竟自满于比关于美洲印第安人和美拉尼西亚人的家庭描述还少的状况。

那些我们所知不多的社会的核心因素被由一种革命性的简化论所左右，而这种简化论是这个学派的基础性观点。无论勒杜尔诺是否意识到了，他都采取宽和的眼光看待原初族群并更倾向于他们，以至于他更加注意与原初民族相关的一切。这当然不意味着在原初族群身上看到构成了我们当今的社会的那些模型，他甚至不止一次的说过，他梦想中在未来出现的城市应与我们在历史中曾看到过的所有城市相区别。但这并不影响如下观点：历史中的城市就其与关于城市的真实和本质的距离而言，远比后世的城市要更近。人们就此可以认为，所谓人性从超越最初的那种演进形态之后，就偏移了正常的方向而走在一条不怎么正确的路上，并且与人性的自然构建相距越来越远。这就是为什么他把代议制度仅仅当作"向原初社会的社会平等的回归"[5]。而在宗教上，基督教在他看来是比拜火教要低级的[6]，而他对于宣称多神的万物有灵论有一种好感与尊重，相比之下即便是对最古老的一神论宗教，他也没有这种好感与尊重。[7]在物权方面他经常按照自己的意愿借助氏族的经济组织而非我们社会中的现存状态去谈论集体主义。他说："被我们认为是崇高的社会团结这个概念看起来对于美洲印第安人来说是很容易的。"[8]总之，对他来说，如果说对于历史演进的研究应该是"归纳性"的话，这不是因为历史用一种实证方式向我们指出我们应采取什么发展方向，而仅仅是因为，这些社会向我们提供了例子，让我们可以看到，如果模仿历史演进中的这些社会，我们就会因违反自然状态而陷入什么样的危险。

　　他对于常让我们感到醉心的那些高度的文明总是冷

淡和漠视的，这是因为在看上去吸引人的表象之外，这些文明都不免展现出了人性之悲惨方面的增长。他说："迄今为止，在世界舞台上以我们的前身而出现并扮演重要角色的那些民族都走到了一种多少令人感到悲哀的结局。这些伟大的人们收获着在艺术、科学和工业上的一个又一个的进步，然后在道德上却越来越堕落，最终他们全都陷入王权专制、宗教奴役、多数人对少数人的那种放肆而老练的无情支配之中，也即利己主义相对于利他主义的大胜上。"[9] 在这种情况之下，历史学所研究的那些族群就显得不怎么能够引起兴趣了，因为我们的任务并不是按照与他们相同的路径去发展，而是回到更为古老的社会形式之上，从而重开演化之路，而这些更古老的社会形式的正常和逻辑的演进路线其实已经被打断了。无需证明这样的看法是对所有有关社会事实的客观研究的反对。实际上，可以让我们相信生命之流是"好的"的唯一原因，就是生命自身的绵延和普遍化。虽然一种生物或社会形式越来越发达，另一种越来越萎缩，我们却甚至没有任何科学理由去承认某种生物或社会形式是高于其他形式的。将某种按照自己的路线在历史中越发趋向于明显的演进当作是病态或不正常的，这

就意味着在诸事实之前就替换上一个**先验的**理论。勒杜
尔诺的解释实际上就是采用这般方法的。他将对于社会
现象的研究放到实践成见之下，而这些有关实践的成见
预先决定了结论会是怎样的。当今社会正受到这些病痛
的影响，由这个理由或者缺陷出发，他认为自然地就可
以将这种判断立刻推广到历史中的所有社会形态上去，
因为那些社会也无非就是当下社会的某种草图。他希望
将所有这些社会看作是历史的衍射。以上论证就是为什
么我们说，这样一种社会学观念同时是简化论的和革命
性的。

其简化论倾向是明显的，因为它在任何角度都不认
同文明所具有的复杂形式；但是，这种简化论本身是出
于要将当下的社会状态归零，它相信人性如要得到拯
救，就要以自由为前提。

出于这个理由，这样的观念特别欢迎某些场景下的
革命论观念，对此，虽然也有或多或少重要的改变，但
我们发现，在众多社会主义者的杂志和期刊所刊登的文
章中也能看到类似的意思。

如此的社会学观念看上去并不真的与马克思的基础
性观点相适应。对于马克思来说，实际上，社会主义包

含"文明中最为复杂的形式是延展的"这一层意思，这是直到如今的社会演化的逻辑结果。此前的历史发展不但没有造成人性的偏离，反而对当下进行了准备，以使所谓当下变得可能。无可否认的是，即便是最忠实反映情况的阐释者也往往会将集体主义看作是朝向原始共产主义的回归，或至少他们力图证明，他们的诉求并不完全是空想。[10] 在这里就出现了让社会主义思想犹豫不决的一些彼此冲突的倾向。而这些混乱和由此而来的犹豫对于这种学说本身的清晰和推广都不可能不是个问题。

二、犯罪学学派

这个群体由认为犯罪学有助于构建社会学的那些学者组成。它的组织化是围绕着由斯托克出版社在里昂出版的《犯罪人类学档案》（*Archives d'Anthropologie Criminelle*）进行的，其核心的两位成员是拉卡萨涅 * 和

---

* 亚历山大·拉卡萨涅（Alexandre Lacassagne, 1843—1924），法国物理学家、犯罪学家，犯罪学上的拉卡萨涅学派的创建者，其在犯罪学上的对手是龙勃罗梭（Lombroso）的意大利学派。——译者注

塔尔德。[*]

　　确实，拉卡萨涅具有社会属性的论文并不多，且局限于若干讲座和小册子。[11] 但受他直接启发的作品倒是有很多。除了明显表达了他的思想的那些由他的学生，如绍西纳尔（Chaussinard）和梅斯美（Mesmer, *Le Suicide Militaire*），答辩的博士论文之外，布尔奈（Bournet, *La Criminalité en Corse, la Criminalité en France et en Italie*）、科舍尔（Kocher, *La Criminalité chez les Arabes*）和科雷（Corre）的诸项研究都属于这个群体。[12]

　　能够表征这些工作的共同精神的，是某种折中主义（éclectisme），它处于两种意见之间，一种是关于犯罪的人类学及生物论观念；另一种是专门的社会学观念。拉卡萨涅显然与极端的意大利学派相距甚远。他不同意如下观点：在社会场景不鼓励的情况下，犯罪的生理-组织萌芽也会得到发展，他将社会场景看作是微生物发展上必要的，按照他本人的用词来说，文化翻腾（*bouillon de culture*）。但同时，他又毫不犹豫地在犯罪和原初的

---

[*] 加布里埃尔·塔尔德（Gabriel Tarde, 1843—1904），法国社会学家、犯罪学家和社会心理学家。涂尔干的主要理论对手。——译者注

人之间建立了联系。如同意大利学派的犯罪学家那样，他认为犯罪紧密地与普遍的、气候的、季节的等方面的原因相关。[13] 与那些人一样，他在自杀中看到了一种反向的杀人罪行，一种对于自己的谋杀。我们当然不能确定，所有的犯罪现象都只由一个原因，并且按照一种方式构成。但是我们还是希望，被归结为的所谓导致犯罪的那些条件可以被更好地定义，而不是将它们都看作是同一种方式的。这是因为看起来很难认同，同一个事实在根本上既是生物属性的又是社会属性的。然而，此学派的工作正是用这种一会儿被算作这个方面一会儿又被算作另一个方面的方式去进行研究，人们从而很难区分，这些因素中到底哪个才是决定因素。这给学说造成了一些根本上的混乱不清，我们完全可以想到，这样的混乱不清是由方法上的含混带来的。我们只能对这些学究式的研究者在关于事实的数量上的贡献表示感谢；但是，在这些关于事实的研究和阐释的方法上，存在某种不确定和随意性，这不仅带来了问题的复杂性，还带来了主要观点上犹豫不决的特征，而主要观点正应该是构建的基础。

对于塔尔德，情况则完全不同，面对这些问题他采

取了非常清晰的立场。从一开始，他就拒绝意大利学派
的主要结论，我们可以认为他在之后与意大利学派的距
离越来越远。他从一开始就带有的对隆布罗索的批评伴
随着时间的进展，是越来越强烈的。

对于塔尔德来说，犯罪首先是某种社会属性的东西。
与其他领域一样，犯罪是一个寻常（banal）*的领域，它
不需要某种特别的建构，也不需要什么组织上的先决条
件。在不同的犯罪者之间确实有某种相似性，就像在同
行业的劳工之间有某种相似性一样，但是这种共性不意
味着带来我们可以确认的某种明确的先决条件。同理，
在犯罪、自杀与地理的、气候的等条件之间看似存在的
关系对于塔尔德而言也可以从社会学上寻求解释。[14]

他的社会学因此从根本上说是一种社会学说。当拉
卡萨涅及其学生局限于对特定的犯罪进行研究之时，塔尔
德关于刑法的哲学则按其不同主题都是对他社会哲学的
普遍原则的案例研究。这个原则就是：所有的社会事实都
是模仿的产物。[15] 实事求是地说，塔尔德对这项原则从来
没有给出直接的、可资归纳的证明。实际上他从来没有证

---

* 在这里，寻常的意思更接近于自然的，即指犯罪是一种自然发生在社
会中的现象。——译者注

实，所有的社会现象都来自模仿，此外，不止一位社会学家都曾经评价说，此类证明是不可能实现的。在仓促之余，他的所有证明还都是停留在辩证层面上的。[*]

他认为，格言**必须**为真，否则社会科学就不可能开展了，因此，社会科学就这么一下子真实起来了。同时，他还借助于对一些自然科学门类的援引来确定具有类比关系的定理。一方面，他说，只有在可观察事实是聚类的和可重复的之时，科学才是可能的，因为如果可观察事实是完全异质的，那么关于它们的所有对比以及由此而来的所有普遍化努力就是不可能进行的。那么诉诸偶然性对思维来说也就不是一个令人满意的解释，因为效果发自原因，这时所谓生产就意味着自我重现。然而模仿这个在塔尔德看来导致社会现象蔓延开来的趋势又造成了社会现象必然会自我重复，从而造成了社会现象以与自身完全一样的方式去自我重现，由此，模仿就成了科学研究所要揭示的那个事物的必然构成质料。另一方面，模仿在社会运行中与在社会科学的研究中都同样扮演根本角色，这一点被认为是完全自然的，以至于

---

[*] 显然从这里可以看出，涂尔干仅将辩证这个词看作是某种诡辩技术。——译者注

模仿在低级的运行和对其进行研究的科学中都是颇具重要性的。事实上，这些波动的运动与复制，物理和生物科学上的这些基本事实，如果不是来自从给定中心的传播或扩散，或来自从最初关系的有机扩散形式，就像模仿是来自具有创造性的意识的观念上或行动上的扩散一样，那它们还能是来自哪里呢？在此情况下，社会学法则就只能成为模仿这一法则的必然结果。自满于这个原则，塔尔德自认为解释了犯罪和刑罚的演化过程，并为这些根本法则提供了充足的证明。[16] 我们在此不想去详细讨论这么笼统的论题。我们想指出的是，有关社会事实的长期实践并没有向我们证明塔尔德所认为的那种模仿扮演主要角色的状况。

我们仅仅将模仿看作是社会演进中一个非常次要的方面，而如果不是仅以一种过分抽象的方式去将可观察的社会扩散联系起来，塔尔德无疑也不会承认这种夸大的重要性。*实际上，现象所呈现的普遍性完全可以在

---

*　细心的读者会发现，这种说话方式经常出现在涂尔干的论证过程中。实际上这种论战的方式十分有损于其论证的力度。按照涂尔干的说法，如果否认在采用"过于抽象的"思考方式，那么连塔尔德本人也会看到，模仿不具有这么重要的意义；而如果承认模仿具有这么重要的意义，那就是"采用了过于抽象的思考方式"。于是在没有真正证明什么的情况下，对塔尔德的批判完成了。——译者注

传染这一形式之外：它可能只是受到了存在条件的作用而已，这些条件是具有普遍性的，而并非模仿那么简单。我们不能宣称群体性的事实仅仅源自模仿，因为事实的蔓延是超出它自身所依存于的那些自然方面的原因的，只有在同时还考虑到事实的外扩所依靠的社会层面的状况之下，我们才能断定某一事实是通过模仿性的传染而外扩的；因为在这种情况下，也只有在这种情况下，其他那些有可能与模仿造成等效效果的原因因素才可以被小心地剔除。我们感到，如果采用这种方法去研究与模仿相关的现象，我们就能够看得更清楚，那么我们就会发现，模仿是历史发展中的一个特殊甚或不正常的形式。

虽然今天的医生认为，一次单独的接触并不会导致被传染上某种疾病，还需要器官上多少被感染，但是，如塔尔德那样的认识却认为可以考虑，一个单纯的模仿，也即某种传染，可以由某种纯粹的扩散引起，而无需预先存在着模仿者。但是，让我们不要逡巡于寻找这类看法下的例证，而是去界定这样的社会学方法将导向什么目标。

首先值得注意的——这正是我们认为的最有趣也最

根本的地方——就是将社会学与其深陷其中而无法自拔
的目的论和功利主义解释相分离。实际上，大部分社会
学家认为，当我们指出社会事实是用来干什么的时候，
社会事实就算是得到解释了。这种看法好像是**先验**地预
定，所有的社会事实必定是"用来干点什么"的，它的
存在只能是"服务于"或"归因于"它所能提供的什么
样服务的。

　　与此相反，如果我们采用塔尔德的看法，我们就会
看到，社会事实经常只是某些简单机械原因的结果，这
些原因是非理智性的，并且不含有任何目的，因为相比
起模仿来说，没有什么是更盲目的了。如果一个事实扩
展，这是因为它蕴含了某些特别强大的力量，并且无法
在初建立的范围内限制这种力量，这就像是潮水在扩展
之时远离了它的生成点一样，因为就本质而言它是由力
量而不是效用所推动的。司法、道德、经济、艺术等实
践都被认为是模仿的，因为无论这些实践是否有效用，
都被认为具有某种可归于模仿的奇妙之处。

　　但是，会不会发生下面这种情况呢：这些实践正是
有效用的，而且正是被感到有用，所以它们才扩散开来？
塔尔德当然认为这是可能的，但他并不认为这是一种普

遍状况。他实际上将有关模仿的社会原因按照是否逻辑而分成了两类。"当创新这一人为选择出现的时候，就是逻辑原因在发挥作用，因为人认为如此之下的行为比其他行为更真实和有效，也即更符合人已然确立了的目标和原则……但是完全纯粹的逻辑行动又是很少见的情况。"[17] 至于非逻辑行动的影响则要重要得多，它不受限于被模仿事实的效用，而是在事实产生的时间或空间中，由采用模仿行动的个人或人群的资质或信用来保证，等等。

这就是为什么，在共和制下的元老制反而因其根源上的威权性质而最有利也最易得到扩散。在民主社会中，大城市具有类似的影响。但是明显的是，某个观点或行动的被再现的效用上的价值并不总与向其提供标记的东西的质量来决定。* 那些导致损害的使用一样也会如其他行动一样被模仿，至少，疾病和健康是同样地被传染的。目的论式的考虑因此被认为是次要的，而这种自我限制被我们看作是社会科学上真正的进步。

但从另一个角度出发，塔尔德的理论看上去则相反

---

* 这句话不符合中文表达习惯。作者指的是，并不只有从目的论出发被认为是好的或高质量的那些东西才会被模仿。——译者注

完全是反科学的。他的理论实际上将非理性和奇迹当作生命的根基，因此也当作社会科学的根基。实际上，所有的实践和群体性制度都是对某种发现和发明的普遍化。而这种发明和发现都是在我们不知其具体如何发生的情况下，以某种突发状况出现在社会的某处，然后固化下来的。另一方面，按照塔尔德的定义，由于只有在可验证的重复意义上才会有科学，而事实就其自身而言是非理智性的*，因此这些事实就成了"因其所是而是"：我们关于事实所能够说的只有这些。那么科学所能够从事的，就只有找寻事实是按照什么法则去扩散的。但按照他的说法，即便所有的法则都被充分地认识到了，这些法则也不会让我们更好地理解自然，因为这些法则都是外在于自然的。某个观念的成功因此从总体上说也就不或不怎么来自其内在的资质，而在于它的信徒对它的传播之上。我们因此不会再有更为完全的理智、更为公正的概念，我们会有的只是它们按照什么方式去扩散。按此推演下去，社会学就无从把握社会现象的内在本质。社会学不能把握社会现象，只能追索社会现象的

---

* 非理智性指的是不以可被理解作为其存在前提。——译者注

外部演进，社会学能测算社会演进的速度和广度，但由于这样的速度又不是什么必要条件，或说在大多数情况下，这样的速度又不具备什么构建意义上的特征，因此社会现象最终变成科学之外的东西。

诚然，塔尔德本人回应说，其他科学门类的状况与此相同。这些科学门类也都从观察而无需把握某些事实出发，解释则只是在此之后的事情了。在哪里都存在"偶然且怪异的原初资料……这些是被解释项的逻辑前提和来源"。举例来说，"存在着那些星云、天体……化学实存、有机物类型，等等"。[18] 此外，学者们不要仅仅将上述这些事实当作必然是非理性的偶发因素。即便现在我们无法把握它们，也不能立刻就宣布它们是与理性无关的。

如果它们被认为是非理性的，那么所有的东西都是非理性的，因为与之相同的特征也出现在这些事实自我普遍化的过程中。如果它们的生成方式不包含科学解释的话，它们的扩散方式就也不包含科学解释，因为从根本上说被考虑的是同样的一些事实，差别只是它们间或是孤立状态，间或是叠加状态：在扩散过程本身它们的本质没有得到改变。一个自发的偶然情况不会变得不偶然，那么一个非理智性的东西也不会仅仅通过重复就变得与理智相关。

　　此外，在自然科学中，只要有可能，我们就通过将机体简化为组成它的更为简单的机体，通过对不同族群建立种属差别与联系，通过采纳向下兼容的生物学原则，来寻求抑制非理性事实的部分。塔尔德则相反受其鼓吹方法的限制，需要去丰富其可被归纳的资料及原初的偶发事件，因为他正是通过这些东西去解释在社会生活过程中出现的所有新生事物。他关于《法律的演变》(*Transformation du Droit*) [19] 的最新著作正是致力于尽可能详细地讨论历史上的偶发情况。一些比较法研究认为，当环境相同时，司法演进是采取同样的方式进行的，这其中没有模仿什么事儿。与此观点的结论不同，塔尔德致力于指出，这种演进表征了最为特殊也最为不可预见的那些偶发情况，演进在全球的不同地方以不同方式进行。偶发状况在这里导致这样的事实，在那里导致那样的事实，其在不同情况中遵循的路线根本无从汇总。举例来说，实际上，在家庭的本源中我们看到既有混居 (promiscuité) 这一因素又有相反的因素，母权制 (matriarcat) 并不像我们以为得那样普遍。群体性的物权**从氏族**向家庭的过渡，以及进而向个人物权的过渡，并不由我们假设出的什么归类所支配，等等。无疑，塔尔德的这些否定性意见与事实不符，并且只是建立在不充分的证据上，以至于它们返回来同时与在逻辑上支撑自己论证的理论以及有差错的理论都相抵触。

总而言之，如此的社会学除了总体上只是做了笼统甚或形而上的探讨之外，并没有特别简化什么东西，从同一个且唯一的一个根本主题出发，这样的社会学只能够用来把握一些次级的变体。所能做的就只是通过完备的比较去探寻，如何，以及出于什么特别的原因，每个社会事实自身是如何形成的。作为科学的宏大任务的那些问题就都丧失了存在理由，因为它们所能得到的只有同一个回答，即，所研究的现象全都来自个体和偶发的发明，并因适用于模仿这个普遍法则而扩散。无疑，在每个特定案例中去寻找模仿者，这是有意思的事情。但是这是受博学家的好奇心驱使的，而不是由科学兴趣驱使的，因为无论结果为何，它都不具有解释上的价值。新想法在这个或那个头脑中萌芽这一状况并不能用来解释为什么新想法出现在这个或那个地方。另一方面，被如此理解的科学里所剩下的东西也不真的具有什么科学性。因为当我们给偶然性赋予了这样的地位之后，我们就打开了幻想之门。如果偶然被认为可以存在于任何地方，那么我们就可以在每次需要的时候去随心所欲地插入天降机器神（*deus ex machina*）*，而不用去管什么证实的可能性，非理性因素变成难以抑制的，因为根本就不再存在边界。一旦我们将此设置在所有东西的基础之处，那就没有理由不随时回溯到它来解释事物了，那么我们想证明什么结果都可以。

因此，以给社会学分配一个适于科学的对象为借口，塔尔德不仅剥夺了它最根本的那一部分内容，而且使完备的控制变得不可能，而没有完备的控制，科学根本不可能存在。

三、学院派

第三个群体由属于大学的社会学家们构成。我们知

---

* 天降机器神是来自古希腊戏剧中的一种设置和处理手法。每当剧情看似僵死不动之时，可以通过一个跳出戏外的机器神的干预来推进剧情。——译者注

道，实际上在我们国家，教学代表着一种不存在于其他国家的智力和道德身份。这是因为在我们这里，教授中的精英分子都来自同一所学校，即高等师范学院，即便尚未毕业，出自高师都会带来权重。此外，无论是不是高师的门徒，所有参与教学的人都要经过同样考试的选拔、通过同一个竞争性考试，并过同一种生活。最终，这些机缘巧合导致，所有大学中占据社会学教席的全都是哲学出身的教授。出于这个原因，即便存在些许个体上的差异，也不难理解，所有的学院派社会学在工作上都具有某种相似性。

第一个受到社会学吸引的是埃斯皮纳斯教授。[*]我们在这里不是要去谈论他那本在今天已经非常出名的著作《动物社会》。这本书的社会学属性还是非常局限的，因为相比于专门的社会学，这本书首先还是对心理学感兴趣。但是，这本书的引言——其引言是关于社会学的总体历史梳理——和结论——其结论带有关于社会的本质的重要论述——则与法国自孔德之后已然中断了的社会学传统建立了联系，并且借助来自斯宾塞的启发和演化

---

[*] 埃斯皮纳斯（Alfred Espinas, 1844—1922），法国哲学家、社会学家。——译者注

论假设带来的进步，去更新了社会学的普遍问题。

在其后则是富耶（Fouillée）*。精神总是活性且处于
运动中的，对一切新事物感到好奇。一旦新事物开始呈
现新的状况，精神就开始对这些与新事物有关的问题感
兴趣，并试图让公众了解它们。这些问题向富耶提供了
机会，去给《两个世界》杂志（Revue des deux mondes）
撰写了大量文章，这些文章成为他之后的著作《当代社
会科学》[20]（La Science Sociale Contemporaine）的素材。
伴随着他的火暴脾气，他试图证明，唯心主义的与演
绎的方法无法与社会学上的归纳方法兼容，而有关社会
的生物学观念也并不与社会契约这种更为古老的观念相
排斥。对他来说，一个族群就是一个器官，但构建了这
个器官的所有因素都是由这诸因素之间的那些属于意愿
性的关联或契约性的关联来形成的。至少这种状态在他
看来正是逐渐揭示了社会演化方向的那个导向。我们不
想去讨论这种巧妙的设计，因为在我们看来，如要吸收
这本著作中的真正亮点，最好把这本书当作科普著作来
看待。富耶无疑给社会学提供了助力，但这主要是因为

---

*　富耶（Alfred Fouillée, 1838—1912），法国哲学家，观念力（idée-force）
这一概念的提出者。——译者注

他给这门尚属含混且尚无威信的科学门类赋予了来自他本人的权威性，他还知道去特别关注那些尚不知晓社会学，也未怎么考虑社会学思维的文化人群。

近来，在学院派这个场景中，出现了一种新的社会学运动，其指导精神与此前作家的指导精神有显著差别。这个新的运动的目标也是更为收缩的。当埃斯皮纳斯和富耶注目于那些较为普遍的问题而去研究社会、社会演化、社会强制与生物强制的关系等本质之时，我们将要谈到的这个新的社会学运动却在对道德现象进行研究。由于感受到各个欧洲社会正在遭受的恶基本上都是道德层面上的，这些新的社会学认为社会学应该首要去关注道德问题。但至少在法国，它们对此采取了一种新的看法。实际上，我们总体上认为，迄今为止只存在两种道德，道德学家们只能在如下两种道德中择一而支持：一边是经验方法所支撑的功利主义道德；另一边是先验主义及作为其全部逻辑和形而上后果的义务性的道德。所有人都认为，当我们通过观察和归纳去介入道德问题之时，我们必然会否认应然与无私的现实性。在此之上所形成的，我们也分属于其中的那个流派尤其反对这种成见。我们要的正是一种要给道德和义务哲学带来新生，去证明科学完全有可能强化而非减损道德的努力。这种努力要理性地去解释义务的权威性，而不是将它还原为某种心理幻象的产物。

　　而总体上说，这正是理查（Richard）*关于法律观念来源的新著作中所秉持的方法[21]，这种方法实际上反对的是功利主义学说与形而上学家们的学说中共同的那些躁动，对于这种方法来说，功利主义和形而上学都在强调同一个原因，而拿这个原因根本无从解释法律和义务。这一对"敌人兄弟"相互之间比我们一般想象得要更近：二者都强调几乎一致的个体主义。功利主义者之所以是功利主义者，是因为将个人的利益当作唯一指引个体构建的东西，而形而上学家也不遑多让，因为他们的道德也是建立在对个体之人格的极度推崇上的。但是，仅凭一种基于个体的学说无法建立任何法律体系，因为法律实践并不意味着施行仁善。无论利己主义的具体形

---

*　加斯东·理查（Gaston Richard, 1860—1945），法国社会学家。加斯东·理查毕业于巴黎高等师范学校，主修哲学，后继任了涂尔干在波尔多大学的社会学教席。他曾一度参加《社会学年鉴》的工作，因而被视为涂尔干学派成员，但在1905年之后与涂尔干学派分道扬镳。他特别反对的是涂尔干学说中的实证主义倾向，以及涂尔干对宗教的解释；后者将宗教解释与基于个体的虔信相分离，用以突出魔力（mana）的强制性力量。——译者注

式是什么，它都与义务这一目标相分离，这是因为义务尤其是自我给出的，是自我奉献的，是自我投身的（se résigner）。这也就是为什么我们说，利己主义将法律简化了，在这种情况下，法律只能被看作是义务在逻辑上且同时是物质上的条件。理查认为，之所以产生出个体主义这种错误，是因为一些经验主义者和形而上学家仅仅从抽象的角度去研究法律观念，而不去看这个观念的形成和发展受到了什么条件的限制。这些人没有看到的是，正是生活于社会这一事实才造成人们去界定彼此的法律关系，并将"全体人向每个人要求着些什么以及每个人从全体人那里收获了什么"固定下来。总而言之，关于法律的哲学只能是社会学的一个分支。我们在此关注的作者[*]所带给我们的问题可做如下表述：导致法律观念出现并在历史中使这些观念得到发展的，到底是哪些社会影响？

我们在此不去对这个有趣话题中的详细纹理做重复分析和论证，而只是提出总的结论：法律观念产生自社会团结观念。实际上，法律——至少这就是理查

---

[*] 指加斯东·理查。——译者注

所致力于通过对历史事实的比较所建立的——根本性地构建了一个裁判系统——在受侵犯之时则提供了保障——，来维护被侵犯者并作用于施加侵犯者之上。然而决定了这个裁判系统的制度导向的，却是社会性能力（sociabilité）。如果说人们习惯于将彼此的争讼提交给法官定夺，而在这个情况下一些人习惯于将自己自发地约束为去施行定夺的公正的裁决人来安抚对手，这是因为前者意识到了将人们关联起来的那些纽带，并且不愿让他们之间的冲突蜕变成公开的战争，而后者这些被安抚的对手则是被动地被参加这个场景，因为他们目睹的社会冲突对他们的社会情感造成了伤害，这种痛苦促使他们以被动的方式参与前述场景。

另一方面，如果裁决并不仅仅是可以由各方自由决定是否采用的评价，而变成一种包含执行力的强力之时，这就意味着社会授权给了这种强力，而如果这种强力被配属给了哪个权威部门的话，这是因为这个权威部门与被侵害者紧密相连而团结在一起，从而使得判决变成了一种修复手段。它对所有成员都有的那种巨大的同情并不会让它对争讼中两方的任意一方无动于衷，但是它又仅仅按照其自身，而非按照来自任何一方的理由，去自然地行事。这就是为什么法律系统不必然以国家形态组织起来，只需要相互组织起来的个体们在生存斗争中都感到团结这个意向就够了，国家一经建立就能够强化这种保证体系的运行效果，但并不是国家创造出这种体系。这个体系植根于群体所具有的意识中，无论这时的群体是什么样的组织。

同样，法律既不是那些我们无法分清的、出于什么特定之人的神秘因素所导致的结果，也不是纯粹有关利益的分析的结果；法律既不是要解决个体的尊严问题，也不是为了抵御无政府的危害而建立的体系。前一种假设是在科学之外的，因为它外在于事实了（这种形而上的色彩无法被直接观察到）。后一种假设则与事实相矛盾：因为无论怎么说，人也并不是一个完全功利的存在，算计并不是历史的推动力。因此法律关系是利他主义的产物：它是一种表达，通过这种表达，人所具有的那种对于其他人的同情的情感，社会对于其成员的情感，社会成员对于社会的情感这三方面都得到了体现。如我们已经证明的那样，这样的解释既不是功利主义的，也不是形而上的。与此同时，我们看到在这种理论中，公正，也即法律的实践问题，与仁善这两个概念也不再成为极端分立的两个不同的事物了，它们不再是有关同一现象的两个不同的力量，不再是同一个演化过程中的两个分开的时段，因为所谓公正本身就已经是一种有关仁善的行为了。

我们将我们自己归入学院派这个群体中，因为我们很荣幸地属于教育者这个群体，同时这还是因为我们的工作，即那些社会学教育的内容，并不仅限于一个狭小的圈子，而是出于对有关道德现象的特别关注。在不去细数我们的论文 [22] 和著作 [23] 所关注的那些具体问题的情况下，让我们用一种较为汇总的方式来介绍一下我们采取的那些主导我们社会学研究的方法。

我们致力于采用的方法所具有的第一个特征是其客观性特征。当人们开始科学地研究那些此前并不作为某个科学的对象而存在的事物的秩序之时，人们并非不带有来自日常生活的一些关于事实的预设条件而去开始研究；那么显然，由于这样的观念更接近于常人的想法并受到他们的影响，常人对事实的表现（représentation）就或多或少与事实混同起来，以至于倾向于取消事实本身。

科学反思直接作用于事实观念而非作用于有关事实

观念的表现。所有科学在初生时期都要跨越这样一个可被称为意识形态化的阶段，在这个阶段，科学致力于分析不由科学参与推出的那些观念，在这个过程中，学者主要开展的是思辨，而不是直接去研究事物，从这一阶段开始，学者们才去构建一些精确对应于现实的新的观念。正是出于这个状况，物理学在其初生时期才试图去了解冷热、重量、液态与固态这些概念，尝试去分解和比较这些概念，而不是去尝试研究事实与关于事实的客体化过程之间的关系，以及这些关系所表现出的那些背后的东西。

社会学不仅也会经历这个阶段，而且由其自身本质所决定，它的这个阶段相比其他科学门类还会更漫长。这是因为社会事实是人所施行的那些实现过程：它们是人的智力和人的意愿的产物。初看起来，它们只是人的本有或非本有的各种观念的实施，这些观念作用于我们自身，并被运用于生活的不同状况中。家庭、契约、国家、宗教等组织初看起来也只是我们关于宗教、国家、家庭等观念的简单延续而已。

那么这些观念看起来就是根本性的，因为这些观念带来了不同的组织，而社会学家的工作——从这个角度出发——就不怎么应该是去观察现象的细节，而应该是去揭示这些自发形成社会，或至少是形成了社会的起源的普遍观念。

社会学还没有完全超越这个阶段。孔德和斯宾塞正是因此去自大而无用地宣称社会事实是一种自然事实，而社会科学因此也成了一种自然科学。当他们从普遍性去运用他们的原则时，他们又回到了古早的概念和方法之上。对于孔德来说，社会演化是人性这一观念的实现；对于斯宾塞来说，社会则只是协作这一观念的实现；对于经济学家来说，所有的经济法则都是从效用这一观念所演绎出来的，对于道学家来说，道德生活只是同一种根本观念的发展而已，对此，功利主义者和他们的论敌只是对同一个东西采取了不同看法而已，但对他们所有人来说，都是由这同一个东西来构成了整个伦理体系，而特定的箴言或法律–道德准则都只是这个根本观念在不同场景下的运用而已。

由此带来的后果就是，社会学基本上停留在主观之上。（原文如此）

事情要如何变得不一样？这些日常观念必然是强大的，因为它们是日复一日地，不含经验与反思地在日常经验中形成的。它们表述事物的方式恰好就是：我们对于事物的感觉；即，在不给我们造成痛苦的情况下，我们所获得的事物的效用，而这些恰好不是事物的本身所是。因此我们不能通过这些东西的中介作用去揭示有关事实的法则。这些东西也不足以支撑科学分析所需要的一个稳固的基础。就像所有属于情感状况的事物一样，这些事物总的来说都是游移的，它们根据我们的欲望和成见而改变其形式。我们的脾气或分属于不同的派别，这些都让我们达到了此类事物的局限：我们错把次要的当作根本的，把根本的当作次要的。当一个科学的前提参照这些不同的关系全都变成分属个人属性的时候，这个科学又能干什么呢？

同时，这时的科学所采用的方法也并非就不是主观的。实际上，如果社会事件——在其常态下——只是那些可被用来认识和表述它们的概念的逻辑延续的话，那么就没必要再去观察社会事件了，只需要通过演绎去构想，这些基本观念会产生什么逻辑后果就可以了。如果历史演化只是人性这一观念上的，那么要获得关于历史的法则，就只需要按照时间顺序去推演其在逻辑上的发展就行了。这就是孔德的做法。而如果社会只是协作这一观念的具象化，那么留给我们的就只剩下去确认协作所采取的不同形式就可以了，这些形式可以把现在、过去和未来的所有可能的社会类型都包含起来。这就是斯宾塞的根本做法。然而，演绎——仅就其自身来说——只能带来主观结果。由于全部是内在的行为，要想不受影响并最终不被决定，演绎就其本质而言就显得过于与情感、习惯和施行于它的主体特征相联系了。因此，对一个人来说算是严谨的演绎的东西，对另一个人来说就可能是完全错误的。只有一种方式才能使不同的思想得到统一，这就是使思想受到物的永恒的控制。但要做到这一点，又必须深入到这样一个事实之中：社会事实是物。而社会学家缺少的正是这种意识。

我们的主要目标正是让社会学超越这个低级阶段，以使其变成真正客观的科学。这就是为什么我们没有从这样或那样的精神状态出发来达到社会现象，而是将社会现象看作是科学的起点和直接对象，并且不去管这些社会现象是否表征着什么观念，或某社会现象与其说表征着这样的观念，不如说表征着那样的观念，等等。同样，相较于让我们迷失在那种"伦理到底来自效用这一观念还是其他观念"的传统的争论中，我们直接选取道德生活中的具体事实或是植根于其中的多样格言体系来建立研究，这些具体事实之一部分体现在了法典中，其他的则只存在于大众意识之中，而这些具体事实和格言体系决定了生活中不同环境之下的不同义务。我们将它们按照其外部相似性进行分类，然后去探寻可以用来解释支撑如此这般去构建类型划分的那些法则。[24]

在这样一条全新的途径上去处理宗教问题的时候，我们没有去探寻宗教观念和宗教感受，而是去研究已存且仍然存在的各种不同的宗教，我们去对这些宗教进行比较，并且归结它们共同的特征，以此确认哪些因素客观地生成了宗教现象。我们的研究所带来的正是这些确定的**物**。我们按照同样的方式确定在有关归责的研究中的不法行为和惩罚。[25] 我们所研究的并不是人们产生的和具有的关于归责的观念，而是归责这件事情本身，被我们称为社会制度的东西与群体或个体关于制度的观念是两回事情。我们不仅从外部去考虑社会事实，将其当作物来考虑，而且还致力于指出它们作为物之特征的那些方面，因此，我们尽可能不给个人的表达和主观的衡量留下什么空间。同理，法律体现了某种决定性的东西，并因此成为具有某种客观性的东西，对这些客观的东西不能从常见的道德考察中得出来：同理，只要这样的属于客观性的东西是可能的，就需要通过对道德现象的法律表述去研究它们。[26]

如果此类可证实的东西是缺失的，我们就要去创造些新的东西来支撑研究，这些新的东西虽然不具有同样的客观性，却可以带来一种非人格化的观察。比如，对于不在法律形式中体现的道德支配，相关研究可以借助于被广为接受的箴言、准则、学说等系统来展开。用这种方法去考察社会现象的话，我们就只需要去考虑对那些最普遍和最根本的原则的运用，而这种方法正是其他的自然科学门类所使用的方法。实际上，物理学家、化学家、生物学家都不再研究人们有关物理、化学和生物现象的观念，而是直接去研究这些现象本身，因为这些现象是独立于这些观念而客观存在的。对于社会现象就必须有所取舍：要么将其看作处在自然之外，这就意味着承认它们不受因果律法则的控制而在世界之外造就了另一个世界；要么将其看作无非也是一些自然现象。但是不能像孔德和斯宾塞那样，一边承认这些现象符合宇宙的普遍法则，一边又将它们作为某种"半事实"而加以处理。

有人告诉我们，社会运行由于其独有的特征而与自然运行不同：作为人的造物，社会运行是观念和情感的产物，因此就有可能去探寻，社会运行表达的是什么情感和观念。但是，这样的看法仅仅将社会运行看作是某些观念在逻辑发展上构成的，而这些观念并不能被直接观察到。我们所能做的，只是通过对这些观念所展现出的现象事实去发现这些观念，因此我们应该从这些事实出发，因为学者们在研究中除了这些事实之外并不能发现其他的东西。举例来说，关于民俗的科学研究所能够面对的直接数据并不是这样或那样的有关普遍道德之理想观念，研究也不会面对有关价值或财富的抽象观念，而是会面对整个经济组织。学者的思考因此必须建立在关于细节的思考之上，因为对于他来说，只有这些才是真实的，而只有当他的研究取得进展之后，他才能够看到他所研究的那些事实是否会派生出属于精神状态的东西，以及看到派生出的是些什么属于精神状态的东西。

对于运用这种方法来加以确定并造成主要阻碍的，是一种成见，这种成见是由表面上体现为唯灵论（spiritualisme）的遮蔽所造成的，但其实它来自庸俗唯物主义。有的人厌于承认社会事实是物，并需要被当作物来研究，因为社会事实没有物质载体，而这样的类比其实对社会事实做了降格（rabaisser）处理，它们对"社会事实属于事实"这个要求强制带上了某种稳定性和坚固性，而我们通常只在对象层面去考虑这些特征。但是社会形态学上的事实是处于其空间分布中的，并且是被确定且稳定地安排着的。那么，为什么只承认那些具有形式和形象的东西才是客观事实呢？法律的、道德的、经济的、教育的等这些实践，与物理学家和生理学家的研究对象比起来，就更不属于物的范畴吗？它们难道不也是有关运动的事实吗？这些运动难道不包含着某种稳固性吗？最终我们承认，如果一个东西独立于构成它的主体，并且具有某种确定的属性，那它就是物，我们可以看到，社会事实的最大特征就是具有这种独特的属性。实际上，证实了社会事实存在这种本质的，正是事物所具有的那种抵御（résistance）的特性，当我们试图改变时，物就会跳出来反对我们，通过这种方式，它宣示着与我们的距离。我们不仅不能按照我们的意愿去创造和改变社会构成，而且正是社会构成作用在我们之上。社会构成不仅不会遵从于我们的意志，反而更像是在命令着我们。表征着社会事实的，是它所带有的一种强制力量，是它实施并作用于我们的那种强制行动。[27] 我们受控于法律和道德律令，这远不是在按我们自己的意愿行事，一旦我们尝试违反这些律令，这些律令就做出反应，来取消或消灭我们的行动。同样，我们也不能按自己的想法去改变我们所处世界的习俗、职业要求、我们所处国家的语言、服务于我们的货币交换体系，等等。并不是我们按照我们的喜好去塑造社会事实，而是社会事实按照它的想法去塑造我们。因此，没有什么比社会事实还具有稳固性，并因此更为客观了。

但是，对于这个方法的运用的效果并不仅仅是造就了更为严格和精确的社会学，造成改变的会是整个科学精神。一旦承认了这个原则，就不会再以原有方法提出问题，对问题的研究也不再遵循原有的方式了。如果社会事实只是客观想法的话，对其的解释就应该去考察它们表达了什么样的观念。那么学者在其自身之中就具有了所有用来进行解释的必要因素，而不再需要走出自身去开展科学研究。他只需要进行内在思考就能够在构建了他自身的那些变动因素之中去找到与他想要解释的事实最相近的东西。因此，社会学理论常常就以其他科学所不具备的简易和迅速而实现了。

很少出现的是，社会学家止步于某一现象之前，宣称他既无法理解也无法解释这个现象。社会学家总是会找到一个原因。在这种情况下，看起来对社会学家来说没有什么是神秘的或存在理解障碍的，他只需要自己是个人，并且对人有所了解，就可以完成对与人相关的事实的理解了。那么自然，如此简易的解释就特别简单，因为没有什么比意识所能直接获取的动因更简单了。正是出于这样的想法，人们认为可以通过父母与孩子之间的相互情感去解释父权制法律制度，通过性嫉妒去解释婚姻，通过对于死亡的恐惧和自然的强力去解释宗教，通过协作精神去解释社会，等等。但如果将社会事实看作物，那么一切就都改变了：社会事实具有一种独属的本质，对其的知晓只有通过深入其中才能获得。我们的关注点就要放在外部之上，因为这些社会事实是存在于外部的。为了深入它们的秘密，必须去描述、归类、比较，去运用所有方式对其进行研究。社会事实——当我们意识到它真正是事实的时候——与其他事实相较并没有更为难以深入，因为它的所谓外部并不比其他事实更弱[*]，那么学者在面对它之时，就只需要采取与面对其他事实的时候同样的精神准备和态度就行了。我们甚至可以说，社会事实的复杂性更大，这就是为什么我们刚才指出的其解释上的简单性是就别的方面而言的。从这个角度上说，我们就不能同意，我们对社会事实的了解仅仅来自看到了社会事实致力于别的什么东西，因为某个**物**之存在可被纳入思维，这并不仅仅是因为它具有效用。物之从无到有并不仅仅是因为其展现出的好处。物不会就这么自己从无到有，因此，要去解释它的话，就要去探寻导致它的其他的物，要去探寻是哪些别的力去造成了这个力。对动力因（causes efficientes）的追寻在社会学中也和在其他科学门类中一样有其地位和重要性，但迄今为止，得到承认的几乎只有目的论上的考量。但我们所说的将社会事实看作物，这指的是将其看作**社会的物**（chose sociale）。这是我们所采用的社会学根本方法的另一个特征，而这个特征并非不重要。由于过往的社会学家们总体上在看待社会事实时只将其看作

---

* 这里涂尔干所说的外部的强弱与否，指的是与人的联系。所谓外部指的是独立于人本身，那么社会事实因其与其他事实相比并没有更不独立于人，因此其"外部的"这个特征就没有变得更弱，因此对其的研究就没有比其他事实更为困难。——译者注

衍生了的心理事实，也即增长和普遍化了的心理事实，我们就在社会事实和心理事实之间划定了一条分界线，这条分界线的划分可类比于有机生物与无机矿物之间的界限划分，我们因此提出这样一条关于社会现象的准则：**一个社会现象只能由另一个社会现象来产生**。为了支撑这个论点，我们首先指出，社会现象在历史上的发展不能由纯粹个体的运动，也即纯粹心理层面的东西，来得到解释，社会现象是在其所处场景中通过外在于个体的方式而发展的，因此要在社会场景中去寻找社会演化的原因。[28] 然后，我们将社会事实在其本身上去看待，并且采用的是一种普遍化的方式，这样，我们就发现，社会事实所展现出的特性不能被还原到心理学现象之上。[29] 实际上，就像我们在前面简要指出的那样，造成社会现象之独特性的，是其强制力这个特征，社会现象通过强制作用于我们。社会现象带来了一种思维、行动、感受的方式，我们在其面前只能去顺应。如果说社会现象因此给个体意识带来了某种压力，这是因为社会现象不是个体意识的产物，因此，社会学也不是心理学的分支。但是，这种体现了社会现象之优先性的带有强制性的力量指出，社会现象怀有某种高于我们人类，并因此区别于我们人类的本质。个体不是这种权威的来源，并且只能对这种权威采取恭顺态度。这种权威是某些超越了个体的力量的产物，其结果就是，这种权威只能是这个超级力量的衍生物。最终，我们通过运用这条准则，通过用纯粹属于社会层面的原因来解释最根本的社会事实，来验证这条准则。这些运用包括对个体人的进步的解释、对社会劳动的分工的解释和对由此产生的法律与道德的转变的解释，等等。[30]确实，对我们的解释一直存在着传统的反对意见——这种意见对于经济学家们来说是多么可贵呀——它们认为社会生活只能是心理生活的另一个表现形式，它们认为社会只是由个体人构成的。但持此论的人们忘记了，整体并不只是组成它的各部分之和，特别是当这些部分并不仅仅是以外部参与的方式相互叠加（superposée），而是相互之间紧密相参之时，情况就更是如此。诚然，在社会中只存在个体们的意识：但这些个体意识并不是彼此外在而不相及的，它们之间紧密相互联系，并且融会在一起。由这些行动和反应的相互渗透，并在此后成为相互可替换的，出现了关于事实的新的序列，这个新的事实所具有的属性并不取决于组成其的那些因素：这就是社会运行。这就是为什么虽然活性的细胞是由无机的分子构成的，但是细胞的生命特征并不能直接被还原为那些生理-化学现象所具有的特征。没有后者当然也就没有前者，以同样的方式，社会生活需要以心理生活为前提，但社会生活毕竟是区别于心理生活的别的东西。

出于此，反对社会学上的客观方法的唯一可称严肃的理由被证明是不成立的。实际上，某些人那里出现的对将社会事实看作物的反感正是部分地出于这种理解事物的方式。

前面说到的属于第一类的社会学家主张将社会学看作是如其他科学一样的自然科学门类，这是因为他们自然地坚持社会事实和其他自然事实之间的相似性，他们的理论完全建立在这种相似的类比之上。

他们因此认为，社会运行可作为实证科学的前提的理由，就是社会运行被剥离了它自身的本质和独特的属性。我们最近不是看到了有这么一个以其科学严谨性自傲的学派，断定像犯罪这样完全社会的事实应被看作是心理学上和解剖学上的某些特异性的产物吗？但是对于任何一个有现实感，感受得到现实的丰富性和复杂性的人来说，这样一种看法是不成立的，因为这种看法对于简单的回溯否认了整体，从而根本不去考虑造成事实上存在差别的那些不同之处。与此不同的则是我们已经给出其原则的那种科学方法。这种科学方法给社会生活留出了不同的面貌，从而没有将它安置在自然与科学之外。

对我们而言，客观地对待事实，这并不意味着将其与所有的来源相剥离，以此来将它们混同于其他类型的运行；恰恰相反，这么做是要在其最具特征之处方去理解它们。这么做不是要将那些在场景中找不到的力和形式拿去作用在它们身上，不是要拿那些勉强而不适用的力和形式去解释它们，而是给它们提供一个独特的系统，这个系统将在一种理智的语言中提供对它们独特本质的表述。如此一来，社会学就不再是别的实证科学门类的分支或重复了，社会学会变成一门不同的且独立的科学，它也会具有每一门科学都会具有，且都应该具有的界限。

这方面的进步或许是社会学所应努力的任务中最为重要的。当一门科学还处在草创阶段的时候，为了能够创立，很自然人们会采取已有的一些模式，即，已然确立的科学门类的形式。这是些已成的经验，要是不去借取受益，那就太荒唐了。这就是为什么会存在一些科学门类，它们的开始是由此前已存的科学门类拖曳而行的。对于这些科学门类，只要它们没有完全从此前科学的托管中获得自由，没有获得自身的独有导向，总而言之，没有获得独有而专属的面貌，我们就不能认为它们是真正构建起来了。

　　这是因为，新的科学门类之建立，只能是因为它们有了区别于此前科学所研究的东西的专属事实。而相同的概念和相同的程序又不能同等地覆盖具有不同本质的物。正是在发展的这个点上，社会学才会出现。社会学家的主要精力必须被用于研究如下内容：诸社会事实中，哪些事实是群体性的生活在其整体上更为倚重的事实；因为正是这些东西在社会学解释中扮演了角色——最重要的那些角色。至此，我们遇到了两个序列的事实，在我们看来，它们以非凡的方式回答了下面这种情况：社会之整体，即，社会单位的数量；以及人群集中的程度，或如我们所说的，社会的动态**浓度**。[31] 实际上，这些有助于我们解决大多数遇到的问题。但我们也不要把这个列表当作是已然封闭的。我们并没有倾向去认为我们已经完成了对社会演化的程式上的发现，因为这就意味着去假定这样的程式是存在的。我们仅是乐于表明我们的研究所采用的方式，以及其所得到的结果。

结　论

从我们上面所说的内容得出了一个普遍的结论。

如果说法国属于第一批对社会事实开展科学考察的国家的话，我们却要批评，法国的专家们，至少在相当长的时间里，所拥有的只是基于对事实的粗暴干涉所建立起来的理解。事实上，我们的民族精神，那种对于明晰性的热爱，导致了对简单的东西有一种天然的亲和力，出于这个原因，我们不愿去承认复杂性，即便复杂性就在那里。这导致在对社会的研究中，我们往往将全部注意力放在那些社会所形成的简单的因素之上，也即放在个体之上，我们尝试的是将其余部分都归结于它，我们也曾尝试将群体性的存在只看成一种多样性，而这种多样性只是对于个体的简单重复而已。

在这些状况下，社会学上的所有问题就变成了去研究个体如何能在不彼此折磨或尽可能较少彼此折磨的情况下共存。这实际上就是18世纪政治哲学的特征，直到最近的某个时刻，这种想法也还是我们法国学界的普遍想法。但是，无论有什么样的分歧，所有考虑这一问题的社会学学说都能就下面这一点达成共识：大家都对关于社会事实的这种简化论的观念有所反应和抵制。所有人都认为，社会并不仅仅是构建在一些个体人对另一些个体人的限制之上，而是有其独属于其自身的积极目的，这些目的超越了个体人的那些目标。所有人都知道，社会现实并不是一个简单的事物，相反，它含有着 18 世纪的思想家们没有想到的秘密和深度。相反意见也并没有消失。它们在一些场景中，特别是在正统经济学家们之中还被坚守，而正统经济学家在他们自己的领域里不但数量众多而且影响巨大，法学学部是他们最后的庇护所。[32]

　　并非不可确定的是，上述相反意见无日不再失去阵地。我们可以确信的是，随着它的日渐败退，社会学逐日渐进。在当今的精神状态中，有一种有关于我们前面例数的各种学说的非常重要的导向上的变化。

　　这种变化并不仅仅是出于民族利益，而是带有与更为普遍的利益相关的后果。其所体现的群体性之存在这种观念当然不完全是新生的。这样的观念在德国也很流行，特别是在德国的经济学家之中。德国人总是会非常深层地考虑到在个体和社会之间有一种类别上的异质性，那么社会生活就不能局限在激励了我们父辈的那种简化论的程式上。但是这种同样的想法在如今以一种特别的形式呈现在我们之中。如果说德国精神相较于我们的精神更为在意社会之物中所具有的复杂性的话，那么相反，由于这种精神上的差异不太能够被精确分析，那么即便不是完全不可能，对其的科学分析也是一件非常复杂的事情；这就是为什么德国精神倾向于将这种社会事实的复杂性归结为或部分地归结为出自他们的思维。这就是我们所知的德国"讲座社会主义"*理论。

他们不仅认为 18 世纪的科学看起来是虚假的（这一点倒确实是这样），而且他们还宣称社会只能是一种半科学的对象，这将是一种假借的科学（pseudo-science），它内部根本就没有什么严格字面上的法则可

---

* 讲座社会主义，或教席社会主义，指以古斯塔夫·冯·施穆勒（Von Schmoller）和阿道夫·瓦格纳（Adolph Wagner）为代表的一些德国学者的思想。他们往往是德国大学中的教授，主张将经济问题和道德问题相联系，以将政治经济学作为一种工具，满足于社会的重组与改革。值得注意的是，马克思·韦伯也围绕价值学说（或说价值中立）这个概念对讲座社会主义有所批判。当然，韦伯与涂尔干的出发点并不相同，前者立足于讲座社会主义没有坚持理性所要求的"理性之外不含价值"，因而将自己变成某种特定价值的鼓吹者。后者则立足于讲座社会主义因为过于感性而不够科学上。——译者注

言，有的只是趋近的普遍性，其中充满了各种各样的意料之外。[33] 相反，法国的精神虽然如我们刚才所说的那样考虑了这个新的观点，却深层次地停留在理性主义的层次上。无论如何，我们还是忠实于笛卡尔法则的，受惠于此，我们认为可被理解的宇宙世界是可以完全被转译成科学符号的。我们只是认识到——就关于社会事实而言——有必要增加迄今为止我们所自满的那些符号，我们认为，即便新的这些符号不是那么严谨，但它们可以更好地对应它们要去解释的事实，而至今我们对这些事实还没有完全揭示。我们确信这些新的符号是存在的，我们也充满信心地要去研究它们。

由此我们可以看到，注重社会学研究的未来的同一种民族精神如何在其内部出现了两种并存的立场。只有在这种代价之下，科学的社会学才有可能出现。一边是社会学家不轻易被过于简化和浅显的解释所诱惑，另一边是不在这种障碍面前放弃探寻明晰性的理性主义精神气质；面对着上面这些难于解释的现象，科学的社会学只有同时意识这二者才有可能实现。出于这个缘由，我们才认为法国有社会学进步所需要的最良好条件。实际上，通过我们的论述能够看到这些与日俱增的研究成果的数量和重要性，有理由预期，此后的社会学都会是建立在理性主义基调上的。

我们在其他国家也能够看到一些重要的细节研究，一些对于复杂事实的收集汇总，但我们不认为在其他地方有如此多样和细致的努力，以支撑获得将事实用于真正科学分析的那种方法。

从实践的角度上说，可以相信，如此理智的态度会带来有效的结果。过往社会哲学的简化论观念就其应用来说只会塑造出无政府的个体主义，这种思想长久以来正是我们的信条。与之相反的是，不知出于什么超然和神秘的力量，在社会和国家中一再出现与无政府的个体主义相反的情绪，以至于个体被消灭了，从而导致多次出现集权和暴力的社会主义。我们可以期待的是，伴随着社会事实被客观地研究，我们最终会看到一种实践性的学说，它不再用某种神秘主义的方式去寻求无用和游移的折中主义，因而会避免各种残缺不全的结论，并且以此为指引，它最终会给社会现实的每个因素赋予权重，这时的权重不再意味着只看重物的某一方面的那种激情，而是意味着科学，致力于认识它们，并在其完整性（intégrité）上研究它们的科学。

注释

1. 这篇文章首次是以意大利语发表在 *La Riforma Sociale en 1895* (no. 3, pp. 607—622 et 691—707.)，题为 Lo Stato Attuale Degli Studi Sociologici in Francia。由 Victor Karady 翻译成法语，É. Durkheim, *Textes*, Paris, Éditions de Minuit, 1975, vol, I, pp. 73—108。

2. Bordier, *La Vie des Sociétés* (1887); Thulié, *La Femme. Essai de Socioogie Physiologique*; Lacombe, *La Famille dans la Société Romaine* (1889); Dumont, *Dépopulation et Civilisation* (1890).

3. 这一研究与《宗教的演化》在 Reinwald 出版社出版，其余著作在 Bataille 出版社的 Bibliothèque anthropoloqique 系列中出版。

4. 参考，*L'Évolution du Mariage et de la Famille*, pp. 417—422。

5. *Évolution Politique*, p. 342.

6. *Évolution Religieuse*, p. 557.

7. *Évolution Religieuse*, p. 578.

8. *Évolution de la Propriété*, p. 74.

9. *Évolution Littéraire*; p. 537.

10. 比如，Guesde 和 Lafargue 在马赛创作的 *Programme du Parti Ouvrier* 的前言。

11. *L'Homme Criminel Comparé à l'Homme Primitif*, Lyon, 1882. *Les Tatouages,* Paris, 1881.

12. *Le Crime en Pays Créole*, 1889; *Crime et Suicide*, Paris, 1891.

13. 参考，*Criminalité Comparée*。

14. 参考，*Criminalité Comparée*, passim。

15. 对于这一点，特别参考：Tarde: *les Lois de l'imitation*, Paris, 1890。

16. Tarde, *Philosophie Pénale*.

17. *Lois de l'Imitation*, p. 159.

18. *Lois de l'Imitation*, p. 4.

19. Paris, Alcan, 1894.

20. Paris, Hachette, 1880.

21. *Essais sur l'Origine de l'Idée du Droit*, Paris, 1882.

22. 参考近十年在 *Revue Philosophique* 上发表的论文。

23. *De la Division du Travail Social* 和 *Les Règles de la Méthode Sociologique*, Paris, Alcan。

24. 参考，*De La Division du Travail Social*，引言。

25. 参考，*De la Division du Travail Social*, livre I, chap II。

26. 这就是为什么我们去研究社会团结、其不同形式与历史发展等问题。(*De la Division du Travail Social*, livre I.)

27. *Les Règles de la Méthode Sociologique*, chap. I.

28. 参考，*De la Division du Travail Social*, livre I, chap I。

29. *Les Règles de la Méthode Sociologique*, chap. I et VI.

30. *De la Division du Travail Social*, livre II, chap II—VI.

31. *Les Règles de la Méthode Sociologique*, chap. V. p. 3 et *De la Division du Travail Social*, chap II. *sqq*.

32. 这就是为什么，虽然法学家们的研究中的社会属性看起来必定该给我们的研究提供重要的源泉，但是在我们文中例数的人物之外，在法学家里没有出现一个专门的社会学家群体。法学的精神至今对社会学还抱有敌意。但我们还要指出的是，这种抵抗会逐渐式微：在当今的青年法学教授中，有很多在教授着现代的观念，而这个数量还在持续增长。

33. 德国人对这个概念的阐发是，不存在所有有关法则（Gesetze）的社会事实，只存有规律（Gesetzmässigkeit）。

图书在版编目(CIP)数据

社会学方法的准则 / (法)埃米尔·涂尔干著 ; 王
赟译. -- 上海 : 上海人民出版社, 2025. -- (密涅瓦).
ISBN 978-7-208-19538-7

Ⅰ. C91-03

中国国家版本馆 CIP 数据核字第 2025EV2137 号

责任编辑 于力平
封面设计 零创意文化

密涅瓦·大师经典

社会学方法的准则

[法]埃米尔·涂尔干 著

王　赟 译

出　　版　上海人民出版社
　　　　　　(201101　上海市闵行区号景路 159 弄 C 座)
发　　行　上海人民出版社发行中心
印　　刷　江阴市机关印刷服务有限公司
开　　本　787×1092　1/32
印　　张　11.5
插　　页　5
字　　数　174,000
版　　次　2025 年 6 月第 1 版
印　　次　2025 年 6 月第 1 次印刷
ISBN 978-7-208-19538-7/C·743
定　　价　78.00 元

本书译自

Émile Durkheim, *Les Règles de la Méthode Sociologique*,

Flammatiron, Paris, 2010

MINERVA

· 密涅瓦 ·

大师经典

人生哲思

| 《论精神》 | [法] 爱尔维修 著 | 杨伯恺 译 |
| 《论文化与价值》 | [英] 维特根斯坦 著 | 楼 巍 译 |

《论自由意志——奥古斯丁对话录二篇》(修订译本)

	[古罗马] 奥古斯丁 著	成官泯 译
《论婚姻与道德》	[英] 伯特兰·罗素 著	汪文娟 译
《赢得幸福》	[英] 伯特兰·罗素 著	张 琳 译
《论宽容》	[英] 洛 克 著	张祖辽 译

《做自己的哲学家：斯多葛人生智慧的 12 堂课》

| | [美] 沃德·法恩斯沃思 著 | 朱嘉玉 译 |

社会观察

《新异化的诞生：社会加速批判理论大纲》

	[德] 哈特穆特·罗萨 著	郑作彧 译
《不受掌控》	[德] 哈特穆特·罗萨 著	
	郑作彧 马 欣 译	

《部落时代：个体主义在后现代社会的衰落》

| | [法] 米歇尔·马费索利 著 | 许轶冰 译 |

《鲍德里亚访谈录：1968—2008》

	[法] 让·鲍德里亚 著	成家桢 译
《替罪羊》	[法] 勒内·基拉尔 著	冯寿农 译
《吃的哲学》	[荷兰] 安玛丽·摩尔 著	冯小旦 译

《经济人类学——法兰西学院课程（1992—1993）》

| | [法] 皮埃尔·布迪厄 著 | 张 璐 译 |

《局外人——越轨的社会学研究》

| | [美] 霍华德·贝克尔 著 | 张默雪 译 |

《如何思考全球数字资本主义？——当代社会批判理论下的哲学反思》

蓝 江 著

《晚期现代社会的危机——社会理论能做什么?》

[德] 安德雷亚斯·莱克维茨

[德] 哈特穆特·罗萨 著　　郑作彧 译

《解剖孤独》　　　　　[日] 慈子·小泽-德席尔瓦 著

季若冰　程　瑜译

《美国》(修订译本)　　[法] 让·鲍德里亚 著　　张　生译

《面对盖娅——新气候制度八讲》

[法] 布鲁诺·拉图尔 著　　李婉楠 译

《狄奥尼索斯的阴影——狂欢社会学的贡献》

[法] 米歇尔·马费索利 著　　许轶冰 译

《共鸣教育学》　　　　[德] 哈特穆特·罗萨

[德] 沃尔夫冈·恩德雷斯 著　　王世岳 译

《商品美学批判》(修订译本)

[德] 沃尔夫冈·弗里茨·豪格 著

董　璐译

《当代前沿社会理论十讲》　郑作彧 编著

《死亡与右手》(修订译本)　[法] 罗伯特·赫尔兹 著　　吴凤玲 译

《实用人类学》　　　　[德] 伊曼努尔·康德 著　　邓晓芒 译

思辨万象

《概率：人生的指南》　　[英] 达瑞·P.罗博顿 著　　雏自新 译

刘叶涛　校

《哲学与现实政治》　　[英] 雷蒙德·戈伊斯 著　　杨　昊译

.